知的生きかた文庫

自分は自分　人は人

和田秀樹

三笠書房

まえがき

人生は競争ではない——そこに気づくと強くなる

「勝ち組」とか「負け組」とか、なんとも味気ない言い方をよく耳にします。人生を周りの人との競争だと思ってしまう人は、こういう考え方になるのでしょうね。

ところがそういう考え方にとらわれない人が確実に存在しています。むしろそのほうが多いくらいでしょう。

人と争うことを好まず、おだやかに、自分が進む道をたんたんと歩いて行くという人です。登山でいうなら自分のペースを守って一歩一歩確実に登って行く人です。周りのことはどうでもいいのです。

これが「『自分は自分、人は人』という人」です。言葉を換えれば「『争わない生き方』をする人」であり、それでいて自分の目標はちゃんと達成する人です。

もちろん、ストレスはありません。あってもそれは人と競争したり、意地になって衝突したりするたぐいのものではありません。

わたしたちが日ごろ感じるストレスの多くは、人間関係を、勝つか負けるかという次元でとらえてしまうことから生じています。

ですから、この人たちはもともとストレスの溜まらない生き方を選択している人といえます。賢いのです。

わたしは受験についてたくさんの本を執筆しているので、競争が大好きで、市場原理の権化《ごんげ》のように誤解されることがあります。

しかし、実際のわたしは、気が弱く、争いごとを嫌う人間です。えらそうな態度を取ることもほとんどないと自分では思っています。年下の人を呼ぶときも、「○○さん」とさん付けがふつうになっています。

おかげさまで、いろいろと人の輪が広がってきています。競争相手でなく、人の輪が広がって行く。その人たちは必要となれば、いろいろな人を紹介してくれたり、チャンスを与えてくれたりします。人生がうまく行くも行かないも、じつは周りの人が自分にチャンスを与えてくれるかどうかが、とても大きな要素になります。

そういう点でも「争うのが嫌いな人」は、チャンスに恵まれやすいのです。

●「争わない人」はマイペースです。
●人間関係で敵をつくることがありません。
●「人脈」は自然にできるものだと考えています。
●生き方に「しぶとさ」が出てきます。
●どんな場面でも「存在感」を示せます。
●どんなときでも、「まず動く」人でもあります。
●また、一人の時間の大切さを知っている人です。
●争うことより、じっくりつき合い、話し合うことを好みます。
●人生にはいろいろな「勝ち方」があると知っています。

ですから、たった一つの価値観にとらわれて、人生を勝った負けたと騒ぐことがありません。

結果から見ると「『争わない』生き方をする人」はいつも勝つ人ともいえます。

この本は争いが嫌いな人にのんびりやれ、という本ではありません。**競争などしなくてもちゃんと結果を出すことができるようになるための方法論の紹介です。**

それを11の「法則」と、それに伴う80余りの技術や考え方にまとめました。

ふだんの生活の中で、一つでも実践していただければ幸いです。

和田　秀樹

法則その2

「気さくさ」を身につけておこう

法則その5

「思い込み」の強い人ほど幼児性が目立つ

法則その6

代役・代理でも力を発揮できるのが争いの嫌いな人

法則その7

「率先して後片づけをする」人は勝ち組になる

法則その8

「読書の世界」が争いを忘れさせる

法則その9

相手のコツを「盗む」ことが大切

法則その10

「自分の時間割」を守ろう

法則その11

「じっくり話し合う」姿勢を貫こう

プロローグ

「自分は自分、人は人」で人生が楽になる

コツコツやる人が結局、うまくいっています

だれでも本来、他人と争うことが嫌いです。

周りの人とは気持ちよくつき合いながら、仕事でも人生でも、自分の目標に向かってマイペースで歩んでいきたいと考えています。

それができたらたぶん、不安に襲われたり、他人をうらやんだり、自分に苛立つこともないでしょう。毎日が充実感に満たされるはずです。

けれどもこれがむずかしいのです。

そんなつもりはなくても、他人のことばやペースにこころを惑わされたり、焦ったり、自信をなくしたりします。つい反発したり、「わたしだって」と意地になったり、背伸びしたりします。

どれも充実感とはほど遠い気持ちです。負けず嫌いな人は、争うことが自分を奮

い立たせると思うかもしれませんが、仕事でも勉強でも、自分がやるべきことをきちんとできるかどうかが大事なのですから、**マイペースがいちばん気持ちを楽にさせてくれるということも忘れてはいけません。**

「あの人には負けたくない」と思って頑張るときでも、いっときの闘争心だけでは長続きしません。コツコツと頑張り続けるためには、どこかで自分のペースをつかんで気持ちを安定させることが大切になってきます。

そして、それができたときにはもう、争う気持ちは消えているのです。

結局、コツコツやっている人が最後は結果を出すというのも、**「このままでいいんだ」という自信が生まれてくれば、もう焦りはなくなります。**そういった精神的な安定感が味方しているのでしょう。

争う気持ちが強いときには、一見、パワフルにふるまっているように見えますが、自分のペースは完全に見失っています。頑張りも長くは続きません。それどころか、負けを自覚した瞬間にガクンと力が抜けてしまいます。他人にふり回されただけで終わってしまうことが多いのです。

争いは「争い好き」に任せておきましょう

日本はいま、競争社会に入ったといわれます。

受験でも有名小学校、中高一貫校といった人気のある学校めざして、子どものときから激しい競争を勝ち抜かなければいけません。

会社に入っても年功序列は完全に崩壊していますから、ライバルに負けない実績を上げて生き残りをめざします。

そういった風潮だけを取り上げれば、たしかに競争社会になったんだなと感じるかもしれませんが、わたしはそういう感じ方はあまりに一面的なものだと思っています。

実際には公立の小中学校や高校に進んでコツコツと勉強し、自分が希望する大学に入学する子どもはいくらでもいるからです。

親の収入格差が教育格差を生むというのも、データの上ではそういった傾向がたしかに認められるかもしれませんが、経済的に苦しくても子どもにちゃんと学習習慣をつけさせ、継続的に勉強することの大切さを教えた家庭では、子どもも向上心を失うことはありません。

社会に出ても同じです。

企業に入って同期でトップの実績を上げなくても、自分の役割をきちんと果たしているビジネスマンであればかならず大切な人材として認められます。出世コースから外れても、堅実な仕事さえしていればいくらでもチャンスは巡ってきます。

要するに、当たり前のことを当たり前に実行できる人でさえあればいいのです。

むしろ競争に負けまいとしてオーバーワークになってしまい、自分のペースを守れなくなった人のほうが脱落していきます。「負けてはいけない」とか、「このままでは取り残されてしまう」といった焦りや不安に取りつかれてしまうと、できて当たり前のことをないがしろにするようになるからです。

もっと怖いのは「あきらめてしまう」ことです。

世の中が競争社会だとすれば、自分はもう「負け組」なんだから努力してもムダだと考えることです。

それによって、ふつうにちゃんとやっていれば手にすることができたはずの幸福感や、自分の目標さえ見失ってしまうことになるからです。

むしろわたしは、世の中が競争社会だというなら、「争いは争い好きに任せておけ」という考え方のほうが、はるかに健全で、現実的だと思っています。当たり前のことを**当たり前にやっていけばいいんだと気がついた人が、結局は自分の人生に充実感をもつことができるからです。**

「争うのが嫌いな人」は静かな勝ち方を知っているものです

わたしはこの本を、「争わない生き方」を求める人のために書いています。

☆否応なく競争に巻き込まれて、疲れている人。

☆他人と争うたびにイヤな気分を味わっている人。
☆争ってもいまさら勝ち目はないとあきらめている人。

そういった人たちのために書いています。「自分は自分、人は人」と考える人です。

このスタンスは一見、受験勉強に勝ち抜くコツを教えてきたいままでのわたしとは異なるもののように思うかもしれませんが、じつは同じなのです。

勉強というのも、最後は自分の目標に向かってコツコツと、当たり前のことを当たり前に実行できるかどうかにかかっているからです。他人と争って偏差値を上げることより、志望校の問題で何点とれるかのほうがはるかに大切です。

仕事も暮らしも人生もすべて、同じだと思います。

社会を俯瞰《ふかん》すれば争いのように見えるかもしれませんが、主役は自分自身なのですから、その自分が毎日をどう過ごしていくかという問題でしかないのです。

そのとき大事になってくるのは、**こころと体のコンディションです。**

とくに「こころのコンディション」ということで考えた場合、じつは「争うのが嫌いな人」こそ、良好なコンディションを保ちながら毎日を過ごすことができるのです。他人のことばや行動、ペースについこころを乱されてしまうというのも、ちょっとした工夫や気持ちのもち方で乗り越えることができます。

それさえできれば、「争うのが嫌いな人」こそ落ち着いて自分の目標を見据えることができるはずです。つまり、幸福な人生を歩んでいける素質があるのは、「争いの嫌いな人」です。

他人とむやみに争わなくても、自分自身の人生をしっかりと見据えることのできる人です。そして**実際に、「自分は自分、人は人」で生きて毎日が充実感に満たされている人はたくさんいます。**あなたの周りにもきっといるはずです。

そういった人たちの考え方や、日常習慣を思い出しながらこの本を読み進めてください。きっと、気がつくことがあります。

自分が毎日をどう過ごしていけばいいのか、納得できるものがあるはずです。

「争わない生き方」は、だからこそ実現できる**静かで確実な勝ち方**でもあるのです。

法則その1

いつでも「現在進行形の人」でいよう

「人のダンゴ」につかまらないで生きましょう

この章では「自分は自分、人は人」について考えてみます。

「争うのが嫌いな人」はだれでも、自分のペースを守ってゆったり生きたいと考えるはずだからです。

そのとき必要になってくるのは、「わたしにはいま、やることがあるんだ」と気がつくことではないでしょうか。実際、やることならだれにでもあるのです。

勤めていれば仕事のない状態はあり得ません。

学生でしたら勉強しなければいけない課題やレポートはいつでもあります。

主婦には家事という終わりのない作業があります。

どんな人にも、たったいま、この瞬間にも「やること」があります。あるいは「できること」があります。

その「やること」や「できること」に着手するのが、マイペースで生きるための最良の方法になってくるはずです。もし、たったいまやることが何もないというのでしたら、遊んだり、ゴロゴロしたり、好きな映画のビデオでも観たりして過ごせばいいのです。これだって立派な「できること」です。

マイペースを守れない人は、自分の「やること」「できること」よりも、他人の動きやことばに目を奪われてしまいます。「みんなして遊んでいるな」と思えばそっちが気になり、「あいつ飛ばしているな」と思えばそっちを追いかけようとします。

エンジンをかける、アクセルを踏み込む、ブレーキをかけるといった動作がいつも周囲のペースと同じなのです。

すると、高速道路で車のダンゴ（渋滞）につかまってしまうように、人のダンゴにつかまって自分のペースを見失うことになります。

遅くてもいいから自分の「やること」「できること」を実行する人が、争いとは無縁の「自分は自分、人は人」で生きていくことができるのです。

やることがあるなら、すぐにスタートさせましょう

他人のことばやペースに惑わされないためには、つねに「現在進行中」の人間になるのがいちばん確実です。

仕事や勉強をしている最中には、自分の目の前の課題しか目に入りません。とにかくその課題を片づけることだけに専念しています。

家事でも何かの作業でもすべて同じです。

いま現在、やっていることがあるというのは、余計なことは何も考えなくて済む幸せな時間なのです。

やることがあるのにまだ手をつけていない時間はどうでしょうか?

様子見の時間です。

職場であれば、「まだだれも動いていないのに」とか、「積極的だと思われても困

る」といった気持ちが様子見につながってしまいます。

これは周囲に自分を合わせてしまう気持ちですね。争いの嫌いな人は、自分が目立ってしまうことも嫌いですから、やることがあってもすぐにはスタートできなくて、つい周囲の様子を見てしまいます。みんなが始めるときに自分もそれに合わせて始めようとするのです。

でもそれだと、自分のペースがかえって守れなくなります。

やることがあるからやる、やることが終わったから休むという単純なリズムさえ守れなくなります。

そこでまず、**周りに他人がいようがいまいが、やることが決まっているならすぐにスタートさせる習慣をつくってください。**

仕事でも勉強でも家事でも、どんな用事でもいいです。着手の早い人は、それだけで自分のペースをつくっていけるのです。

すぐに動けたときは、自分をほめてやりたくなるもの

「もう始めるのか」とか、「ずいぶんやる気だな」といった冷やかしや皮肉のことばは気にしなくていいです。

というより、自分が真っ先にスタートしてみればわかることですが、そういった周囲の反応はかえって気分がいいのです。「イチ抜けた」と思えるからです。

逆の立場で考えてください。

あなたが友人とお茶を飲んだり、同僚とおしゃべりしているときに、「やることがあるから」と笑顔で立ち上がる人間に対してどんな気持ちになりますか。

「つき合いの悪い人だ」と腹を立てるのは争いの好きな人でしょう。ものごとが自分の思うように進まなければ面白くないというのは、勝ち負けを気にするわがままな人の基本的な思考パターンだからです。

争いの嫌いな人はむしろ、「いいなあ」と思うはずです。

「この人みたいにマイペースでやっていけたらいいなあ」と思うのではないでしょうか。

その「いいなあ」と思うことを、自分が実行するだけのことです。

やることがあるときには、そのスタートは自分で切る。それがとても気分のいいことだと気がつくはずです。

ほんとうのマイペースは、追い込みタイプより先行タイプ

よく「わたしは追い込みタイプ」だと自慢する人がいます。

「スタートは遅いし、なかなかエンジンがかからないけど、最後は追い込んでちゃんと間に合わせる」

ところが、「わたしは先行型だ」という人はあまりいません。なぜだと思います

か？

追い込みタイプを自認する人はそれが自分の能力特性だと信じているからです。だから自慢げに話すのです。

一方の先行タイプですが、こちらは「少しでも早くスタートさせたほうが安心だ」と考える人です。そのほうが、マイペースでできるからです。「わたしは時間がかかるから」とか、「途中でてこずるかもしれないし」という気持ちもあります。

つまり先行タイプは、スタートを早くすればそれだけ早くゴールできると思っているわけではありません。決して「先行逃げ切り」ではなく、自分を安心させるために早い着手を心がけていることになります。

したがって、あまり自慢はしません。

だれかに「スタートが早いね」といわれれば、「グズだから仕方がない」と苦笑いするくらいでしょう。

でも、**先行タイプの人は、早いスタートが自分の気持ちを楽にさせることを知っています。つまり、マイペースを楽しめるのです。**

一方の追い込みタイプは、毎回、精神的につらい思いを味わうはずです。自分の能力にいくら自信があっても、エンジンがかかるまでの時間は決してのんびりできるわけではありません。つまり追い込みタイプは、マイペースを楽しむ余裕がありません。

スタートすれば、まとわりつくものから自由になれる

「さあ、やろう」という気持ちにすぐなれる人は、スタートを大げさに考えません。「どうせやらなきゃいけないんだから、さっさと始めよう」と思うだけのことです。どんなことでも、まず手をつけてみないことにはできるかどうかさえわからないだろうと考えています。

スタートに時間がかかる人は逆です。

「わたしはスタートさえ切ればあとはなんとかなる」と考えます。問題はそのス

タートで、いつ始めるか、気持ちの区切りをどうつけるか、テンションをどう高めるかといったことばかり考え続け、なかなかスタートを切りません。たかがスタートに過ぎないのに、大げさに考えすぎるのです。

実際にスタートさせてからも両者の気分には違いがあります。

早いスタートを切った人は、ひとまず安心します。むずかしい課題に直面しても、ゆっくりと考える時間があります。少しぐらいペースが遅くなっても、慌てることはありません。

この状態は争う気持ちとは無縁です。自分の課題だけ見つめていればいいからです。

スタートの悪い人はそうはいきません。

追いつかなくちゃとか、負けるもんかといった気持ちになっています。先にスタートさせている人間にどうしても対抗意識をもってしまいます。さらには大丈夫かなとか、ダメだったらどうしようという不安もあります。とにかく心穏やかではありません。

そしてスタートを切ってからいつも気がつきます。

課題に取り組みだせば気持ちが落ち着くのですから、「こんなことならもっと早くスタートさせておくんだった」と後悔するのです。だとしたら、軽い気持ちでとにかくスタートです。すぐに始めることで他人より有利になるのではなく、自分の気持ちをかき乱すさまざまなものから自由になれます。それが争いの嫌いな人にとってはいちばん楽です。

ですからこう考えてください。

じっとしていればいるだけ、いろいろな不安や想像がまとわりついてきます。

スタートさえ切ればすべて消えます。**早いスタートは早くマイペースをつかんで楽になるための技術なのです。**

ほとんどのことは、さっさとやればさっさと片づくものです

じつをいえば、わたしたちの「やること」「できること」はそれほど複雑ではありません。

仕事でも勉強でも、家事やさまざまな作業でも、たいていのことはもうやり方がわかっているし、だいたいの所要時間もわかっています。

しかも、たいして時間がかかることではありません。

仕事でいちばん時間がかかるのは、企画を考えたりプレゼンの準備をするようなことでしょうか。学生でしたらレポートや論文、主婦の場合は毎日の献立を考えるようなことになると思いますが、それだって、形式的にやっつけようと思えばそれほど時間はかかりません。

わたしも原稿を書いたり論文を書いたりするような作業は、スタートさせるまで

は気持ちの負担が大きいのですが、それでも「今日は10枚だけ書いてしまおう」と思って手をつければなんとかなります。

それを毎日、1時間なら1時間と決めて進めていくうちに、数日もすればゴールが見えてくるのです。大きな目標でも1日単位に分割すれば、その日に「やることと」「できること」はそれほど多くはないのです。

スタートさえ切れば、そういった現実的な作業量が見えてきます。

「面倒だなあ」と思ってためらっているうちは、その作業量が過大に見えるだけのことです。

したがって、ここでも一つの有効な考え方を提示しますと、**すべての作業や課題は着手するまでが大きく見える**ということです。

実際に手をつけてみれば、案外あっけなく終わります。ここでもやっぱり、「こんなことならさっさとやっておくんだった」と後悔するのです。

マイペースを守る人は、プライベートが充実している

いつもマイペースで暮らしている人は、他人と争わないぶんだけのんびり生きているように見えます。

ところが、意外に多趣味で、行動的なのです。マイペースを守っているからリズムはゆったりしているように見えますが、毎日「やること」「できること」をきちんと実行していると、自分の時間や休日を好きなことに割り当てられるからです。

たとえば職場には、ふだんつき合いはないけれど何かのきっかけで話してみたらものすごく魅力的だったという人がいます。つき合いがないのは、その人がマイペースで仕事をしているからです。

周りの雰囲気とは無関係に自分の仕事を黙々とこなしている。区切りがつけば席を立つ。自分からだれかに声をかけることはめったにない。そういう人ですから、

「この人、まじめそうでつまらないな」と思っていると、コツコツ続けている趣味があったり、映画や料理や美術館に詳しかったりするような人です。

会社に勤めながら小説を書いたり、カメラが好きで写真展を開いたりするような人がときどきいますが、そういった人たちに共通するのは仕事にもマイペースを貫くということです。職場では決して目立たないかわりに、堅実な仕事をしています。時間内にその日の仕事を着実に終えることをモットーとしているのです。

その場合、一般的な考え方としては小説やカメラに情熱を傾けたいから、仕事は時間内に切り上げられるように集中しているということになりますが、わたしは逆の考え方も成り立つと思います。

要するに、**仕事にマイペースを貫ける人間でなければ、プライベートな時間を充実させることは不可能**なのです。「やること」「できること」のスタートを早くするというのは、自分の世界を楽しむための最初のステップだと考えましょう。

早いスタートで「できること」がどんどん増える

いまやることがわかっているときは、すぐにスタートさせる。

この単純なルールが口でいうほどかんたんではないということは認めます。それを実行するためには、こころの「弾み」のようなものが必要です。それについては以下の章でだれでも実行できそうなことを提案し続けましょう。

この章で最後に確認しておきたいのは、スタートさえ早くすればいまよりもっと「できること」が増えてくるということです。スタートが遅い人は、どんなに追い込みのパワーがあってもその日に「やること」をやり遂げておしまいです。

でも**スタートさえ早ければ、「やること」を終えたあとでもう一つ、何か「できること」にも手を伸ばせるというチャンスが増えるものです。**それは明日やる予定だったことでもいいし、プライベートな趣味でもいいのです。とにかく身のまわりに「できること」が増えてくるのです。

わたしは「自分は自分、人は人」という人にとってこのことがいちばんのメリットだと思っています。

なぜなら、つねに「現在進行中」の人間でいられるからです。

それだけ自分の課題や目標と向き合う時間が増えてくるのです。しかもマイペースですから焦りはありません。

法則その2

「気さくさ」を身につけておこう

基本は受け答え、だれでもできることを実行しよう

この章ではコミュニケーションのコツを考えてみます。コツですから、複雑なこと、機微にふれるようなことまでは入り込みませんし、その必要もありません。

なぜなら人間関係はそれこそ相手の数だけさまざまな変化や対応が生まれますから、それぞれのケースに応じた態度や行動を考えてもあまり意味がないのです。

それよりも、広く浅くつき合えるコツだけ覚えておけば、そこから始まる親密なコミュニケーションも出てくるし、それっきりで終わってしまう淡白なコミュニケーションも出てきます。

要するに「敵対」さえしなければいいのですから、「争いの嫌いな人」がめざすのはまず、「広く浅く」でいいと思います。

そのコツとしてわたしが真っ先に提案したいのは、**気さくな人間になろう**ということです。

「あの人は気さくな人だ」とか、「ああ見えて、案外、気さくなやつだよ」と思ってもらえればそれで十分ということです。

ここでおそらく、「わたしは無口だから」とか、「気の利いた冗談が出てこないし」とかいい出す人がいると思います。「気さくになれといわれても、そうかんたんにはなれない」と考える人です。

そういう人にわかってもらいたいのは、気さくであるためにこちらから特別な努力はしなくていいということです。気軽に声をかけるとか、周囲に笑顔をふりまくとか、そんなことはムリにしなくてもいいのです。

ではどうふるまえばいいのでしょうか？

だれに対しても、きちんと受け答えするだけでいいのです。

相手の立場や年齢や性別にはこだわらず、**挨拶されたら挨拶を返す。何か尋ねられたらわかっている範囲で答える。親切にされたらお礼をいう。**そういった、受け身のアクションでいいですから、絶対に相手を無視しないでていねいに、そして明るい声で受け答えすることだけ忘れなければいいのです。

実際、「気さくな人」を定義しようと思ったら、これ以上でも以下でもないはずです。

どんなに人づき合いが苦手でも、「気さくな人」になれます

ふだんから無口で、テンポの速いことばのやり取りも苦手で、自分から話題を提供するなんてとてもできないと思っている人でも、声をかけてきた人に返事をするぐらいのことはできます。

自分が知らないことを質問されたときでも、「ごめんなさい、お役に立てなくて」と答えるだけならできるはずです。

つまり、ていねいな受け答えです。

それを心がけるだけで、周囲の印象はずいぶん違ってきます。

ふだん無口な人にそういった受け答えをしてもらえば、「べつに偏屈な人じゃないんだな」と思われるでしょう。

あるいは目上の人間にていねいな受け答えをしてもらっただけでも、強い印象が残ります。社交的で人づき合いの上手な人に声をかけてもらうよりも、取っつきにくそうだなと思っていた人がていねいに応対してくれたときのほうが嬉しいものです。

そういうときではないでしょうか。

「この人はこう見えて、意外に気さくな人なんだ」と思うのは。

そこからとくに親しい関係が生まれてこなくてもいいのです。自分を主張しようとしない人は、相変わらず取っつきにくい雰囲気を漂わせてしまうかもしれませんが、心配することはありません。

「気さくな人」だとわかってもらえただけで、穏やかな人間関係を保つことができるからです。

つき合って安心できる人なら、それでいい

気さくな人と「調子のいい人」は別ものです。

調子のいい人は一見、気さくに見えますが、押しつけがましいところがあります。話していても気がつけば自分の話題にもち込んだり、歯の浮くようなお世辞やおべんちゃらを平気で口にします。

気さくな人は、少なくともわたしがここでイメージしている気さくな人は、控え目ではあってもこちらの問いかけや挨拶にていねいに応えてくれる人です。自分から親しみを見せてくれなくても、こちらの**笑顔にはきちんと笑顔で応対してくれる人**です。

そういう人で十分ではないでしょうか。

むしろわたしたちがいちばん安心できるのは、そういう「気さくさ」を備えた人

ではないでしょうか。

そうだとすれば、「争わない生き方をする人」こそ気さくな人になれます。

自分から他人に働きかけなくていいからです。

「自分は自分、人は人」で生きて、こちらに目を留めてくれた人にはきちんと受け答えするだけでいいのです。これなら絶対にあなたにもできます。

気さくな人にはマイペースがよく似合う

だれに対してもきちんとていねいな受け答えができる。

気さくな人の条件はたったこれだけでした。

でも、たったこれだけのことができれば、「自分は自分、人は人」を守ることができます。

「あの人は気取ったり構えたりする人ではない」と思ってもらえれば、自分のペースで仕事をスタートさせたり、みんなが盛り上がっているおしゃべりの席を離れても、ごく自然なふるまいにしか見えないからです。

同じことを、ふだんから威張っているような人や、自分が主役でなければ気の済まないような人がやるとどうなるでしょうか。

どこかわざとらしく見えてしまいます。「イヤ味だな」と思われかねないのです。そして実際、威張っている人や自己主張の強い人は、思い通りにいかないことがあると当てこすりのように仕事をスタートさせたり、押し黙っておしゃべりの席を離れたりしますね。どうふるまっても、じつは「自分は自分、人は人」ではないのです。

他人に気を遣いすぎる人も同じで、こちらは自分の行動がどう受け止められるかを気にしますから、やはり「自分は自分、人は人」とはなれません。

でも、そういう人にこそ「気さくさ」を心がけていただきたいのです。

他人への受け答えさえちゃんとできる人間であれば、決して相手に不快感を与えることはありません。人間関係はそれで十分なのです。挨拶には挨拶を返し、笑顔には笑顔を返し、尋ねられたことには答え、**無視する人は気にしないで放っておく。**たったこれだけです。こちらからサービスすることは何もありません。

それができたときにはもう、「自分は自分、人は人」でやっていけます。だれとも争うことなく、思うように生きていけるはずです。

受け答えは自分の感情コントロールにもなる

わたしたちはどうしても気分にふり回されます。

仕事や人間関係がうまくいかないときは、ついイライラして他人にきつく当たったり、一つの作業に集中できなくなったりします。そういう意味では、悪感情にとらわれているときほど「自分は自分、人は人」であることを保つのがむずかしくなるのです。

けれどもたいていの場合は、そういう自分の悪感情に気がつきません。

これが感情コントロールのむずかしいところで、「ああ、わたしはいま苛立っているな」と冷静に自分をモニターできるぐらいなら、だれも苦労はしないのです。

そういうときには、自分の受け答えをチェックしてみてください。

それも自分より目下の人や、立場の弱い人に対する受け答えです。ビジネスマンでしたら部下や下請けの業者、あるいはアルバイトやパートの人に対する受け答えです。

声をかけられてもつっけんどんな返事しかしない。

挨拶を無視したり、質問されても面倒くさそうな態度を取ってしまう。

そういった冷淡な受け答えをついしてしまったときには、「ああ、自分はいま不機嫌な顔をしているんだな」と気がつくチャンスなのです。

実際、相手が目の前にいるのですから冷淡な受け答えをした瞬間、気まずい雰囲気になります。その雰囲気はよほど鈍感でないかぎり、本人もわかります。部下の話をうるさそうに遮ってしまえば、「彼は何も関係ないのに悪いことしたな」と思います。「もっとふつうに相手してやればよかったな」と反省するでしょう。

つまり、だれに対してもていねいな受け答えを心がけるというのは、自分の感情コントロールを心がけることにもなるのです。

受け答えはビジネスの基本でもあります

だれに対してもきちんとした受け答えのできる人は、仕事上のトラブルを抱え込むことがありません。これも見逃せない大切なことです。

たとえば販売やセールスのような仕事でトラブルが起こるのは、ほとんどの場合は担当者の対応のまずさが原因です。

質問やクレームに対して、その場逃れのいい加減な受け答えしかしない。

電話でのクレームは自分が担当でなければたらい回しにしてしまう。

ユーザーの商品知識のなさを突いてくる。

例を挙げればこういった対応のまずさが、かんたんに収まるはずのトラブルを大きくしてしまいます。

その原因の一つに、ふだんからの受け答えのまずさがあります。どういう相手に対しても、ていねいで誠実な対応を心がけている人なら当然のようにできることなのに、そのときの気分や相手（エラそうな人かそうでなさそうな人か、目上か目下か、女性か男性かなど）によって態度を変えてしまう人はその当たり前のことさえできなくなっているからです。

社内の業務も同じです。たとえば部下にとっていちばん困る上司は、問いかけに対してはっきりとした返事をしない上司です。

「期限はいつまでなのか」「この契約は自分の判断で決めていいのか」「責任はだれが取るのか」といった、部下にしてみれば大事なポイントを確認したくても、曖昧な答しか返ってきません。

それがあとで、「そうはいってない」とか「常識で判断しろ」といったいい逃れにつながってしまうと、上司への信頼感はゼロになってしまいます。ヨコの連携でも同じで、そのときそのときできちんとした受け答えのできない人は、トラブルを起こすたびに信頼をなくしていくのです。

成長できる人は、なぜかみんなが盛り立ててくれるもの

「自分は自分、人は人」という人は「他人を押しのけても」といった強い上昇志向はもち合わせていません。

あくまでマイペースで、自分の仕事をきちんとこなせばいいと考えています。ところが、気がついてみればそれなりに責任のあるポジションにいて、しかも周囲の信頼を勝ち得ていることが多いのです。なぜならこういうマイペースタイプの人間というのは、敵をつくらないからです。

だれに対しても気さくで、きちんと受け答えしてくれる人は、ふだんは目立たなくてもいざというときに応援してくれる人間が周囲にいるからです。グイグイ引っ張る強さがなくても、「この人なら間違いないだろう」という安心感があるからで

す。わたしはそれでいいのではないか、と思います。

みんなが盛《も》り立ててくれる人が、長い目で見れば大きく崩れることもなく、仕事でも自分の好きな世界でも着実に成長していくからです。

負けん気の強い人は熾烈なトップ争いを続けるでしょうが、割り切って考えればトップ争いに勝ち残るのはたった一人です。

しかもその一人が、いつまでもトップでいられるわけではありません。勝ち・勝ち・勝ちで来て最後の1敗で消えてしまう人だっています。

それよりむしろ、勝たなくてもいいから長く仕事の場で自分の責任を果たし続けるほうが、はるかに穏やかな人生を送れるはずです。

マイペースで生きて、自分の好きなことをやり続けた人が、最後の最後にささやかであっても幸運を手にするものです。

「『自分は自分、人は人』という人」「『争わない』生き方を求める人」には、そんな人生がとてもよく似合います。

法則その3

節目を大切にしよう

独身でもお正月はお正月らしく過ごしましょう

この章で提案することはどちらかといえば家庭をもっている人向けになるかもしれませんが、独身の人にこそ意識して心がけてもらいたい気もします。

それは、自分の生活のなかのさまざまな節目を大切にしようということです。そういう意識があれば、自然に「自分は自分、人は人」という気持ちにもなると思います。

たとえば家族のいる人でしたら妻や夫、子どもたちの誕生日を祝うとか、お正月やクリスマスは「わが家のやり方」で楽しむといったことです。一家揃っての夏休みとか、入学や卒業のお祝い、就職や転職や異動や昇進といった仕事上の節目もふくめて、ささやかではあっても一区切りのついたときにはお祝いしたりイベントを楽しむといったようなことです。

それによって、生活のリズムが自分や家族の節目を中心にしてつくられるようになります。仕事に追われるストレスや、人間関係の悩みがあったとしても、その節目を楽しんで過ごすことで気持ちの落ち着きを取り戻せるのです。**人生の節目、季節の節目というのは争いとは無縁の世界です。**

あなたが独身だとしても同じです。

「今日は誕生日だな」と気がついたら、「忙しくてそれどころじゃない」なんていわずに、上等のワインを奮発してゆったりした時間を過ごしてみることです。生ハムもそえてみましょうか。

季節の行事も同じで、「世間はお正月だけど自分には関係ない」なんて意地を張るのではなく、初詣に出かけたりコンビニのおせち料理をテレビでも観ながらのんびり楽しみましょう。

暮らしや人生の節目を大切にする気持ちをもつと、マイペースに過ごす心地よさに気がついてくるはずです。

どんな単純なことでも、1日の節目にすることができる

節目は大きなものとはかぎりません。

1日のなかに、「これを実行しないと落ち着かない」とか「いちばんホッとする」と感じる時間があるようでしたら、それも1日の節目ということになります。

たとえば朝は早起きして軽い運動をするとか、就寝前の最後の時間にグラス1杯のワインを飲むといった程度のことでも、その人の1日を区切ってくれる小さな節目になります。

ビジネスマンの1日は、どんなに自分で予定を立ててもその通りにいかないことがあります。定時に帰るつもりが3時間も残業になったり、午前中に終わるはずの会議が昼休みをつぶしたりします。どんなにマイペースを心がけても、状況にふり回されてしまうのです。

そのふり回されたままの状態で毎日が過ぎていくと、自分自身とゆっくり向き合う時間さえなくなってしまいます。その日にあったことをふり返ったり、明日に向かって気持ちを切り替えることもできないまま、1日が終わってしまうからです。

自分のペースで仕事ができる人は、1日のなかに節目となる時間をもっています。

たとえば小さな子どものいるビジネスマンが、帰宅してその子どもと一緒にお風呂に入るのが何よりの楽しみだと感じているときには、まさに入浴の時間がこの人の1日の節目ということになります。

毎日でなくてもいいのです。

土曜日の午前中はゴルフの練習場で汗を流すのが楽しみというのでもいいし、天気のいい日は自転車で遠出するのが楽しみというのでもいいです。

それによって1週間の疲れが取れ、また来週から頑張ろうという気持ちになれるのでしたら、その人にとっての大事な節目といえるはずです。1日を過ごすことでかき乱されたこころを落ち着かせるのです。

平凡な毎日だから、節目が大切になってきます

「自分は自分、人は人」という人の毎日は、本来でしたら淡々と過ぎていくはずです。

自分の仕事や勉強をコツコツと続けるだけの毎日だからです。

でもそのことで、「平凡だなあ」という気持ちになることはあっても、それを嫌ったり恥じたりする人はいないはずです。「こんな平凡な毎日でいいんだろうか」と不安になる人もいないはずです。

なぜなら、どんなに平凡な毎日にも節目はきちんと訪れるからです。

会社に勤めていれば異動や転勤があります。およそ3年の周期で上司やチーム編成も変わります。自分自身の仕事の内容も変わってくるでしょう。

家族がいればそこにもさまざまな節目が訪れます。子どもの入学や卒業があり、

転居やマイホームの購入もあります。季節ごとの行事や誕生日のようなお祝いもあるでしょう。

こういったことは独身者でも同じです。

ここまでに書いたように、自分の節目を大事にする気持ちさえ忘れなければ、仕事の上でも私生活の上でもいくつかの節目は訪れてくるはずなのです。

そういった節目さえ大切にすれば、平凡な毎日のなかにいくつもの起伏が生まれてきます。どんなに平凡でも、決して無味乾燥な日々ではないのです。

むしろ平凡に不満をもつ人が、節目を見逃してしまいます。

「つまらない人生だなあ」と嘆いてばかりいる人にかぎって、節目に気がつかずにやり過ごしてしまうのです。

たとえば職場で異動があったときに、

「またつまらない部署に移されたなあ」と受け止めるか、

「一つの節目だと思って頑張ってみよう」と受け止めるか、

では、その後の仕事に向かう気持ちが全然、違ってくるはずです。

「定年」がただ一つの節目という人生は寂しい

幸福感は人それぞれの感じ方の問題になります。

その人が幸せだと思えば、それがその人の幸福です。

したがって、人との争いや競争に勝つことで幸福感をもつ人もいるし、人とは争わずに自分のペースでやりたいことをやり遂げたときに幸福感をもつ人もいます。

この問題に関しては、どちらがいいとか悪いといったことはいえないでしょう。

けれども、**争いに勝つことで幸福感をもつ人は、負けたときには自分を不幸に感じます。**相手を恨んだり、運の悪さを嘆いたりするかもしれません。あるいは「つぎは負けないぞ」という気持ちになって闘志をかき立てるかもしれません。

そういう人にとって、人生の節目など興味がありません。勝っても負けても戦いは続くのですから、節目を実感しているヒマがないのです。

たとえばかつての企業戦士にはそういったイメージがあります。「ビジネスは戦争だ」(そういうイメージはいまでもあります)と思い込めば勝つか負けるかの世界になってしまいますから、こころ休まる時間は訪れません。入学や卒業といった子どもの成長の節目を見逃してしまう父親はいくらでもいましたし、休日返上で働き続ければ家族の行事やお祝いにつき合うこともできませんでした。

その結果、気がついてみれば家族のなかで一人だけ疎外感を抱く父親になっていました。戦う相手や土俵のあるうちはまだいいのですが、定年を迎えたときにはもはや、妻も子どもたちも相手をしてくれません。

非常に皮肉ないい方かもしれませんが、戦い続けたかつてのビジネスマンが初めて迎える人生の節目は、定年退職の日しかなかったのです。

法則その4

礼儀はつねに「一対一の関係」と考えよう

「ありがとう」といってもらうだけでなぜか嬉しい

目上の人に礼をいわれると、わたしたちはくすぐったいような、晴れがましいような、とてもいい気分になります。

たとえば上司に頼まれていた資料を届けて、はっきりとひとこと、「ありがとう」といわれたようなときです。

依頼された資料を提出するのは、仕事の一部分ですから、黙って頷かれても文句はいえません。「そこに置いてくれ」とデスクのスペースを示されても、指示に従うしかありません。

けれども「ありがとう」といわれると、その上司の誠実さが伝わってきます。自分の立場にふんぞり返らないで、部下にきちんと応対してくれるのがわかるからです。

それは、こちらをちゃんと認めてくれたということですね。「仕事だから当然だ」ではなく、部下と一対一で向き合っている姿勢が伝わってくるのです。

わたしは**礼儀の基本は一対一の関係にある**と思っています。

相手が上司や目上の人間なら、だれでも礼儀を守ることを心がけます。失礼のないようにふるまって当然です。

けれどもしばしば、部下や目下の人間に対しては、礼儀を忘れます。自分の優位性を押しつけてしまいます。

そしてどちらの場合も、忘れているのは一対一の関係ですね。社会や組織の上下関係をそのまま当てはめてしまって、相手も自分も一人の人間でしかないという気持ちをどこかに忘れてしまうのです。

「こういう場合はどうふるまうか」なんて迷わずに済みます

礼儀の基本は一対一の関係だと気がつけば、むずかしいことは何もありません。

よく「礼儀といってもケースバイケースだから、どうふるまえばいいのか迷うことがある」という人がいますが、ケースバイケースを考えるから迷うのでしょう。

たとえば「目上の人と向き合うときと、目下の人と向き合うとき」とか、「親しい人と、初対面の人」とか、「改まった席と気楽な席」といったように、状況で礼儀を使い分けようとしても混乱するだけです。

それよりも、自分がいままでに接したなかで、「この人は気持ちがいいな」と感じた人を思い出してみてください。そういう人たちの態度やふるまいのなかにきっと共通点があります。

それが、一対一の関係を大事にしてくれるということです。たとえばこちらが上司もふくめて複数の人がいて、相手が一人の場合です。そういう席でも、あなたと話すときにはあなたと向き合ってくれ、ほかのだれかと話すときにはその人と向き合ってくれたはずです。

少なくとも、あなたのことばを無視して上司とだけ向き合うような態度は取らなかったはずです。

じつに明快な態度です。

そして、一対一の関係を大事にするだけでいいとわかれば、態度もふるまいも迷うことはありません。**いま向き合っている人と、ていねいに接するだけでいいのです。** 礼儀を守るのは相手を不快にさせないためですから、それ以上むずかしく考える必要はありません。

「こんなやつに」と思ったときに礼儀を忘れてしまいます

争う気持ちは「負けるわけにはいかない」とか「ナメられてたまるか」といった、相手への対抗心から生まれてきます。

とくに、ふだんから気の合わない人とか、自分のほうが立場や能力が上だと思っている人に対して、この対抗心が生まれてきます。

たとえば部下にこちらのミスや勘違いを指摘されたときです。**自分の立場や面子にこだわる人ほどつい感情的になってしまうことがありますから、「恥をかかされた」とか「偉そうだ」と腹を立てたりするのです。**

こういった感情はおそらく、争いの嫌いな人にも生まれてくるでしょう。腹を立てるまでいかなくても、「いちいちうるさいやつだな」と感じるはずです。

けれども、そういうときに礼儀を軽んじない気持ちを取り戻せるかどうか、そこが大事な問題になってきます。

もし、こちらのミスや勘違いを指摘した部下に腹を立てて、そのことばを無視したり、にらみつけるような態度を取ってしまうと、これは一対一の関係を踏みにじったことになります。向こうは気がついたことをこちらに伝えてきたのですから、せめてそのことばを受け止めるのが礼儀になるからです。

すると、「あ、そうか」とか「うん、わかった」という返事ぐらいはできます。

その返事ができれば、十分でしょう。

一対一の関係を踏みにじらなかったことになるからです。

少なくとも相手は、自分のことばをちゃんと受け止めてもらったことでホッとするはずです。

もし、腹立ちまぎれに「話の途中だ」とか「いちいちうるさい」といったことばを返してしまうと、上下関係が露骨になってしまいます。相手は一瞬で立場の弱い部下に戻ってしまうのです。

高圧的な相手には「この人も大変だな」と思って向き合えばいい

もう一つ、「争うのが嫌いな人」でもここまでに説明した礼儀を忘れてしまうときがあります。

これもよくあることなのですが、相手がやたら高圧的な態度を取るときです。部下に対して最初から威圧的な態度を取る上司とか、人の話を聞かないですぐに自分の自慢を始めるような同僚です。

そういった、ことあるごとに自分の優位性を示そうとする人というのも、争いの嫌いな人にとっては苦手なはずです。

もちろん、だれにとってもつき合いにくい相手には違いないのですが、そういう相手についロ答えしたり、張り合ってみたところで、強く出られない性格の人は最後はやり込められてしまいます。

すると、「なんであんなやつとまともにぶつかってしまったんだろう」と後悔することになります。「マイペースな人」にとって、自分が腹を立てなくてもいいところでつい怒ってしまったというのは、ペースを乱された気がして悔いが残るのです。

そこで、**高圧的な相手と向かい合ったときには、「この人は一対一の関係が苦手なのだ」と思ってください。**

肩書きや経験や実績といった後ろ楯をなくしてしまうと、不安になる人なのだと考えてください。

それによって、高圧的になる態度もわかってきます。

「なるほど、この人も大変なんだなあ」と思えるようになります。

それが性格的なものなのか、あるいは自信のなさの裏返しなのかわかりませんが、他人と一対一で向き合うのが苦手な人間なのは事実です。

だから、基本的な礼儀を忘れてしまうのです。

出会いにパフォーマンスはいりません

人間関係というのは、職場のように複雑な上下関係や利害関係が絡み合えばむずかしくなりますが、一対一になってしまえばかんたんです。

たとえばほかの人間がいるときには取り繕う上司でも、一対一になれば気さくに接してくれるというのなら、あなたとその上司の間にはなんのわだかまりも生まれないはずです。

そういった、一対一ならおたがいに相手を尊重してつき合える人間関係さえあれば、何も問題はありません。

その意味では「自分は自分、人は人」という人のほうが周囲にリラックスした関係を築けます。なぜなら本来、一対一の関係を大事にできる人だからです。立場や上下関係にこだわらず、そのとき目の前にいる人間ときちんと向き合う人なのです。

そのかわり、人を押しのけてまでだれかの前に立とうとはしませんから、あくまで受け身の人間関係になります。その受け身の人間関係を実らせるのが、「自分は自分、人は人」という人ではないでしょうか。

偶然の出会いや、仕事上の顔合わせであっても、きちんと相手に向き合えるからです。出会いの数が少なくても、その都度、相手の印象に残る人なら幸せです。礼儀を守る人は印象として地味であったとしても、心地よさを残してくれるから素敵なのです。

争い好きな人はここでも勘違いを犯します。

他人を押しのけても印象に残る人間であろうとしますから、自己主張をしたり、必死で自分を売り込んだりします。

それによってたしかにその場の印象は強くなるかもしれませんが、自分を売り込むってどういうことでしょうか？

自分の能力やセンスを見せびらかしたり、受け狙いのパフォーマンスを演じることですね。**自分が主役になろうとすることです。これが礼儀を忘れた態度です。**

聞き上手な人は、みんな礼儀正しいもの

どういう仕事、どういう立場であっても、わたしたちはまず相手の話をきちんと聞くことを求められます。

いちばん偉い人、たとえば企業のトップを務めるような人であっても、重要な会議や新しい事業に乗り出すときには、役員や部下、あるいは技術者の意見を余さず聞き届けようとします。

現パナソニックの創業者、松下幸之助も聞き役として徹底していたといいます。たとえば新製品の開発に踏み切るときには担当技術者にそのメリットや将来性を納得がいくまで説明させ、それでも不満なときには直接、大学や研究所にいる第一線の研究者からレクチャーを受けて、そこで得た知識をこんどは自社の技術者にぶつけたそうです。

つまり、**自分の意見や判断をもち出す前に、まず聞く作業に専念したのです。**

この聞く作業に時間を割けば割くほど、トップが下した判断は部下を納得させることができます。

ろくに話も聞かないで自分の判断を押しつければ部下は不満をもちますが、十分に自分たちの話を聞いてもらえれば、たとえ望む結論が出なくても自分たちの意見がわかってもらえたことで満足できるからです。

「マイペースの人」は、この聞く作業をそれほど苦にしません。

礼儀正しく相手と向き合うときには、自分の意見を押しつけるよりまず聞く態度を取るからです。

したがって周りの人には聞き上手の印象を与えます。

すると、この人の判断や行動も理解されやすいのです。たとえ相手の意見に同調しなくても、「この人にはひとまずわかってもらえた」と思ってもらえるからです。

自分を強く主張しなくても、他人に理解してもらえるという不思議な技術が聞き上手なのです。

法則その5

「思い込み」の強い人ほど幼児性が目立つ

意見を通せば、他人はついてくるでしょうか

この章では、争わない生き方をする人の「大人度」について考えてみます。争い好きと争い嫌いではどっちが大人かということです。

二つの意見が対立したとき、気の強い人は自分の意見を通そうとします。気の弱い人は、相手が強く出れば自分の意見を引っ込めてしまいます。「そんなにいうのなら」とあきらめるのです。

そういう図式だけを見れば、思い通りに生きていけるのは気の強い人ということになりますが、はたしてそうでしょうか。

どんなに自分の意見や判断に執着しても、世の中には思い通りにいかないことがたくさんあります。望んだ通りにものごとが運ぶなら、だれも苦労はしないのです。

そのとき、気の強い人ほど不満を抱いてしまいます。たとえば自分がチームリー

ダーになって実行したかったプランが、社内の同意を得られないようなときです。

その結果、気の進まないプランを受けもたされたときに、気の強い人は最初から不満を抱えてしまいます。仕事だから放り出すわけにはいきませんが、「こんな仕事」と思ってしまえばどうしても身が入らないでしょう。

では自分のやりたかった仕事を任されたときには、思う存分に力が発揮できるでしょうか？

これがそうともいい切れないのです。

張り切って先頭に立ちますが、スタッフの意見に耳を傾けるより自分の意見を押し通そうとしてしまいます。

壁にぶつかっても強気で攻めることだけしか頭にありませんから、チームの力がまとまらないままに失敗することも多いのです。さらにいうと組織では自分の意見だけが通るとはかぎりません。そしてそれが不満のタネになります。

強すぎるリーダーはしばしば、チームを自滅させます。

「これしかない」と考えるから負けてしまうのです

気の強い人や、他人との争いに負けたくないと考える人は、自分の思い込みにどうしてもこだわってしまいます。

その結果、望んだ通りの展開にならなければ不満を抱え、望んだ通りの展開になれば、たとえ先行きに不安を感じても方針を変えようとしません。結果として、身のまわりに不満やうまくいかないことが増えてくるのです。

バブル経済のときに、世の中の流れに乗り遅れたら損だと考えて、不動産や株を銀行からカネを借りてまで買い求めた人がいました。他人には負けたくないと考えた人たちです。

もちろん結果論ですが、そういう人たちのほとんどは失敗しました。株や不動産を高値でつかんだ人ほど、被害が大きかったはずです。その心理を考えてみると、いま話したことに共通するものがあるように思えてきます。

まず、思い込みがありました。

乗り遅れたら損だ、みんなが儲けているのに自分だけ指をくわえているわけにはいかない、とにかく進もう、といった思い込みです。

けれども、バブル経済末期には、「いつまでもこんな狂騒が続くはずはない」という観測が流れていました。そういった観察に不安な気持ちを抱きながらも、「いまさら退けない」と突き進んだ人が結果としてひどい目に遭ったのです。

一度決めたことでもストップすればいい

では「『自分は自分、人は人』という人」はどうでしょうか。

ここまでは強気の人、自分の意見を押し通そうとする人について、あえてその弱点を取り上げてみましたが、この「『自分は自分、人は人』という人」にももちろん弱点はあるのです。というより、弱点だらけになってくるかもしれません。

まず自分の意見や判断を押し通すことはあまりしません。相手が強く出てくれば、争ってまでそれを押さえつけようとはしませんから、自分の主張を引っ込めてしまうことがしばしばあります。

そのためにチャンスを逃すこともあるでしょう。やりたいことができないという欲求不満も生まれてくると思います。

けれども、争いの嫌いな人はそこでヤケになったりしません。強気の人は思い通りにいかないと大きな不満を感じますが、そうでない人は「しょうがない」と受け止めることが多いのです。

「しょうがない。ここはひとまずあの人のプランに従ってみよう。うまくいけばそれでいいんだし、ダメならこっちのプランを試すことになるだろう」

そういった受け止め方をしますから、ダメージはほとんどありません。

それに日常生活の大部分は「こっちがダメなら別の方法を考えよう」というものばかりです。家事はもちろん、旅行や部屋の模様替えや車の買い替えだってそうです。いったん「こうしよう」と決めたことでも、不都合が出てきたらプランを変更しても困ることはありません。

仕事だって同じで、やってみてダメならプランを変更するだけのことです。時間のムダや経費のムダといったところで、見極めが早ければそれほどの被害は生まれません。

それよりむしろ、一度決めたことにこだわってどこまでも突き進むほうが傷口を広げてしまうのです。

「苦肉の策」から正解が生まれるものです

１００円ショップの出発点は、値札をつけるのがかんたんだからという「苦肉の策」だったといいます。

きちんと利益を出そうと思えば、商品のすべてに適正な価格をつけて店頭に並べなければなりません。

けれども、個人商店が在庫を一気にさばいてしまいたいときには、そんな手間のかかることをやっても大量の売れ残りが出るかもしれません。それでは在庫一掃の意味がありませんから、とにかくトータルで売上げを増やせばいいと考えて全部の商品を100円の値札で売り出したら、買うほうもつい、熱くなって大量に買い込んだのです。

わたしたちもしばしば、「この際だからしょうがない」と思って実行したことが、意外にうまくいったり、周囲に好評だったりすることがあります。スペースが狭いので立食のパーティーにしたら、みんなが打ち解けてかえって喜ばれたりするようなものです。

つまり、**自分がベストだと思っている策が正解かどうかは、実行してみないかぎりわかりません。**その策をたった一つの答だと思ってしまえば、壁にぶつかった時点であきらめるしかなくなります。あるいは、失敗覚悟で意地になって突き進むことになります。争い好きの人にはしばしば、そういった強引な行動が生まれます。

その点で、争いの嫌いな人はのんびりしています。「まあ、この際だから仕方ない」と考えることができる人なのです。

ベストではなくても、やらないよりマシ。計画通りではないけど何もしないよりマシと考えて、とりあえずいまできることを試してみます。

「苦肉の策」であっても、いまはそれしか選べないというのでしたら、そのプランが現時点ではベストの選択だと割り切れるのです。

「次善の策」が新しい道を切り開くものです

他人との争いに負けたくない人は、一度の敗北を大げさに受け止める傾向があります。

たとえば大学受験で志望校に不合格になったときに、「もうダメだ」とガックリくるような人です。就職のときでも、めざす企業や業界に入れないと人生に大きくつまずいた気持ちになってしまいます。

もちろん争いの嫌いな人でも、自分の希望がかなえられないときにはガックリします。

けれども、いつまでも落ち込んでいるわけにはいきませんね。「第一志望ではないけど、自分の好きな勉強はここでもできるはずだ」とか、「小さな会社なら仕事を覚えるのも早いだろう」と考え直して、そこでコツコツ頑張ろうとします。

争いに負けたくない人は、自分が負けてしまったショックを引きずってしまい、新しいスタート（入学や入社）にも最初から不満を抱えることになります。「こんな学校（会社）に入ってもいいことなんか一つもない」といった気持ちですから、勉強にも仕事にも身が入りません。

実際、ずっと優等生で通してきた学生が（つまり「勝ち・勝ち」で来て）、合格できる自信のあった大学や大企業に不合格になると放心状態に陥る例がしばしばあります。その原因を考えてみると、「自分の進む道はこれしかない」という思い込みがあまりに強かったせいだということになります。

めざす目標を「これしかない」と決めるのはいいのですが、それが閉ざされたり、実現できないとわかったときに、「次善の策」を選べない人ほど、たった一度の負けで大きな敗北感を味わってしまうのです。

争いの嫌いな人は、大人の割り切りができます

「次善の策」というのは、イメージとしてはマイナス思考のように見えます。「一度決めたことは最後まであきらめないのが成功の秘訣だ」と断言する人もいるでしょう。強気の人ならそれでいいかもしれません。

けれども争わない生き方をする人は、もっと柔軟です。

それに、**「次善の策」を選ぶことがマイナス思考だとは思っていません。**最初に決めたことは実現できなくても、目標をあきらめたわけではないからです。**いま選べる最善の手を選んだだけのこと**だと思っています。

わたしはこういう考え方が最後まで希望を失わない考え方だと思っています。マイナス思考どころか、むしろプラス思考なのです。

その点で強気な人には、オールオアナッシング的な考え方があります。「こうしたい」とか「こうなりたい」と思ったことに突き進んで、思い通りにいかないときには腹を立てたり、すべて放り投げるようなことがあるからです。

ちょうど子どもが集まって野球をやるときに、「ピッチャーでなきゃイヤだ」と駄々をこねるようなものですね。

ピッチャーをやりたい子どもがほかにもいればジャンケンになり、それに負けると怒って帰ってしまうようなタイプです。

大人の場合はそんなわがままは許されませんが、自分の思うようにものごとが運ばないと不機嫌になる人間はしばしばいます。好きな仕事から外されたとか、ボーナスの査定が予想より低かったというだけで、やる気をなくしたり他人を妬《ねた》んだりするようなタイプです。ひとことでいえば、「幼児性」が強いのです。

勝ち負けにこだわる人には、幼児性がたしかにあります。

思うようにいかないことがあっても、気を取り直してふたたび目標に向かって歩き出せる人のほうが、はるかに大人なのです。

強気の人ほど、ほかの選択肢を見逃しがち

どうしてここで「大人度」を取り上げたかといいますと、そこに「争いの嫌いな人」の勝ち方のヒントが隠されているからです。

◉むやみに人と争わない。
◉結果に不満があってもとりあえず受け入れる。
◉ベストではなくても打てる手を打ってみる。

こういった態度は、ただの現状維持にしか見えないかもしれません。いくら大人ぶっても勝てなかったらしょうがないじゃないかと思う人だっているでしょう。
でも安定感は抜群なのです。大きく崩れないという意味では、勝ち負けにこだわ

る人よりはるかに安定しています。わたしたちが困ったときに頼るのはそういう人ではないでしょうか。

たとえば取引先とトラブルがあって、先方の担当者が一歩も退かないようなときです。相手の要求を呑めばこちらの完全な負け、かといって今後のことを考えればケンカ別れはできないといった状態です。

こういう状態は、勝ち負けにこだわる人にはどうしていいかわかりません。負けられない、ケンカはできないでは打つ手がないように思うからです。

ところが、争いの嫌いな人はあっさりと解決します。なぜかというと、**「ここは負けてもいい」という判断ができる**からです。気が強いだけの人にはもてない選択肢をもっているのです。

クレームの処理とか、こじれたトラブルは、こちらのいい分を少しでも通そうと思うかぎりなかなか解決しません。時間をかければどうにかなるというものでもありません。心理的にもつらいものがありますから、ほかの業務に影響します。

それよりむしろ、相手のいい分に応じて負けを受け入れたほうが、問題をこじらせないで決着させることになります。

損をしてもトータルで考えればプラスになることが多いのです。

ユーザーのクレームなら信頼感を失わないで済みます。むしろ口コミでファンを増やすことになるでしょう。**取引先も同じで、トラブルの対処が気持ちよければビジネスが途切れることはありません。**勝ち負けにこだわる人が思いつきもしなかった答をあっさり出したことになります。

二枚腰のしぶとさを失わないで生きよう

まず、「負ける」選択肢を挙げてみました。

ほかにもあります。その場の勝ち負けにさえこだわらなければ、

「退く」

「加わらない」

「レベルを下げる」
「代案を考える」
「返事を保留する」
「助けを求める」

……そういった現状打開の手を打つことができるのです。目標に手が届かないと思ったら、いったんレベルを下げてまず達成感を得られるようにすれば、そこからまたつぎのレベルをめざそうとする意欲が湧いてきます。

どういうプランでも、それがダメだったときの代案を準備しておけば落ち着いて実行できます。むずかしい問題に直面したら徹底的に考え続けてもいいのです。優柔不断に思われてもその間に問題が解決していることがあります。

とにかく投げ出さないことです。「こいつはもう降りたな」と思われてもいいです。周囲に「負け」と判定されてもいいです。仕事も人生も続いていくのです。どういうときでも二枚腰のしぶとさを失わないのが、「自分は自分、人は人」という生き方をする人の勝ち方になってきます。

法則その6

代役・代理でも力を発揮できるのが争いの嫌いな人

代役、代理はだれにでも突然に巡ってくる

指揮者の小澤征爾さんが世界に名を知られるようになったのは、シカゴ交響楽団の指揮者が急病で倒れたために代役を務めたことがきっかけでした。

当時、すでに小澤さんの実力は音楽界では高く評価されていたのですが、海外の一流オーケストラを見事に率いたことで一躍世界にその名が知れ渡ったのです。

こういった例は、音楽にかぎらず映画や舞台の世界でもしばしば見られます。サッカーや野球のようなスポーツでも、たとえばケガをしたレギュラー選手に代わって出場した控えの選手が思わぬ活躍をして注目を集めることがあります。

政治やビジネスの世界も同じです。本命が登場するまでの一時つなぎと思われていた人間が、意外な手腕を発揮して難局を乗り切り、本命をさしおいてリーダーを務め続けるような例です。

では、「自分は自分、人は人」という人に話を戻しましょう。

争いの嫌いな人は、他人を押しのけてでもトップに立とうとはしません。

したがって、なかなかチャンスに恵まれません。「オレは、オレは」と前に出てくる人間よりは出番が少なくなるのはたしかだと思います。

けれどもチャンスは巡ってくるのです。

自分からつかもうとしなくても、どんな人にもチャンスは訪れます。それが、代役あるいは代理に選ばれたときだと思ってください。

「代理の印象」がその会社の評価を決めます

「代理」には格下のイメージがあります。

自分の名刺に「課長代理」とあれば、「ああ、早くこの『代理』が取れてくれないかなあ」と思うし、ふつうは格下の人が代理を務めます。部長が自分の仕事の代理を頼むのは課長以下の人間であって、重役に代理は頼めません。

そういったイメージや習慣がありますから、代理の仕事が回ってくると「だれでもできる仕事だろう」という気持ちになってしまいます。実際、ほとんどの場合は代理に任せてもいいような仕事ばかりなのです。

けれどもここはあえて考え直してみてください。

代理の仕事というのは、たしかに一時的な肩代わりですから、そつなくこなせばそれで合格です。すでに段取りが整っている仕事ばかりで、代理がその場で判断したり重要な案件を処理することはめったにありません。

したがって、ミスさえしなければそれでいいとか、いわれたことだけやればいいと受け止めがちですが、それはあまりにもったいない考え方なのです。

なぜなら、たとえ書類を届けるような単純な仕事でも、相手は初めて顔を合わせる場合がほとんどです。しかも上司の代理であれば、相手はそれなりのポストにいる人です。そこできちんとした対応ができれば、あなたの会社の印象がぐんとよくなります。

「この会社はいい人材が揃っているな」と思われるのです。

さらには、あなたに代理を頼んだ上司の評判もよくなります。

「しっかりした部下だな」と思われることは、上司にとって大いに嬉しいことなのです。

信用できない人間には、代理を頼めないものです

代理の印象が悪ければ、すべてが逆になります。

「この会社は人材の層が薄いんだな」と思われ、上司もまた「ろくに部下の管理もできないのか」と思われてしまいます。

したがって、たとえ雑用としか思えない仕事でも、上司は自分の代理を部下に頼むときはその人選に気を遣うものです。

手近な人間に気楽に頼んでいるように見えても、信頼感の薄い部下に代理を頼む

ことは決してありません。

それから、**代理にはテストという意味合いもあります。**

営業のような仕事の場合は、一度自分の代理を頼んでみて先方と顔つなぎをさせ、それで評判がいいようなら次第に大事な仕事を任せていって独り立ちさせるやり方です。

この方法は少しも珍しくありません。

新人が何人も入ってきて、さてそのなかのだれが使いものになるかというのは、かんたんな仕事の代理を頼む方法がいちばんわかりやすいからです。

自分の判断だけでなく、相手の評価も耳に入りますから、より客観的に正しい判断ができるのです。

とにかく代理の仕事を軽視しないことです。

上司から代理を頼まれる人は、それだけ信用されているということだし、自分を認めてもらうチャンスでもあるからです。

受け身の仕事であっても、やり方次第で評価は高まる

わたしたちが代理の仕事を軽く見てしまうのは、責任を問われることがないからでしょう。

仕事の内容そのものはだれでもできるようなことです。

しかもたいていは段取りがつけてあります。いわれた通りに出かけて用を足せば終わりというのがほとんどです。

おまけに代理ですから、どんな成果を出しても自分の実績にはなりません。

これでは代理の仕事に本気で取り組むことじたい、むずかしいのです。

けれども、立場を変えて考えてみれば代理の仕事の意味がわかってきます。さっきも書きましたが、どんなにかんたんな内容でも、自分の仕事を肩代わりしてもらうからには任せて安心と思える人でなければいけないからです。

もし、相手に少しでも悪い印象を与えてしまうと、そういう人を代理に選んだ本人の評価が下がってしまいます。

「うちの会社を甘く見ているのか」と思われたり、「このビジネスはたいして大事じゃないのか」と思われるからです。

つまり代理の仕事こそ、完ぺきにやり遂げることで信頼関係が深まります。取引先との信頼関係はもちろん、上司の代理であればその上司との信頼関係が深まるのです。

しかも、あなた自身の評価も高まります。

ここで大事なのは、受け身の仕事であっても評価が高まるということです。

代理の仕事はふつう、依頼されて引き受けることになりますからあくまで受け身です。しかもいわれた通りに実行するだけですから、「自分は自分、人は人」という人にもチャンスは訪れます。

それを軽く見てしまう人は、みすみすチャンスを見逃す人でもあるのです。

「子どもの使いじゃあるまいし」といわせてはいけません

ここまで、代理の仕事はかんたんな内容が多いといった話し方をしてきましたが、その点で誤解されると困ることがあります。

いわれたことを実行する、段取りがついているという意味ではかんたんですが、じつはその人の重要な能力を試される場所でもあるのです。

その能力というのは、**問題解決能力**です。

経験のある人も多いと思いますが、かんたんに片づくと思った代理の仕事が意外に手間取るケースはしばしばあります。

たとえば届けた見積書に先方がいくつか質問や要望をぶつけてきます。

あるいは詳しい商品説明を求められたり、新しいビジネスの話が出てきたりします。

そういう場合に、「わたしは代理ですから、知りません」といった態度は許されません。

本人はあくまで代理に過ぎないと思っても、相手はそうは受け止めないからです。課長の代理で来た人に対しては、たとえ平社員であっても担当者ですから質問や要求をぶつけてきて当然なのです。

それに答えられないような人では、なんのための代理かわかりません。

もちろん、平社員が課長の代理だとすれば答えられないこともあります。決裁範囲もかぎられていますから、「それは社に戻って課長と相談します」と答えるしかない場合もあるでしょう。

そういった重大事項でもないかぎり、その場の責任を果たすのが代理の仕事になってきます。

すべて「わかりません」「答えられません」「社に帰って相談します」では、「子どもの使いじゃあるまいし」と軽蔑されるだけです。

代理を務めることで学ぶことがたくさんある

したがって、代理の役こそ真剣勝負になります。

ぶっつけ本番で、その場で出された問題を解決しなければいけないからです。

そのためには商品知識はもちろん、業界の情報、ユーザーの動向、取引先の概略なども頭に入れておかなければなりません。どういった質問や要求が飛び出すかわからないのですから、まさに面接と同じなのです。

こういった説明を読んでも、「たかが代理の仕事で」と思う人がいるかもしれません。

でもそういう人は、肝心なことを忘れています。代理の仕事というのは、いきなり高いステージに立つことでもあるのです。

上司の代理で出かければ、相手はそれなりの役職の人が出てきます。

仕事のスケールもおそらく平社員よりは大きいでしょう。

当然、話題や質問のレベルも高くなります。

その受け答えをするためには、こちらも勉強をしていなければいけません。たんなる知識に過ぎないとしても、その知識をふだんから蓄積させる作業は欠かせないのです。

かりにそれができていなくても、代理を務めることでその必要性に気がつくはずです。「課長はふだん、取引先とこんなに突っ込んだ話をしているのか。自分も勉強しなくちゃいけないいな」

そう思うはずです。代理の仕事というのは、単純に見えて奥が深いと考えてください。

問題解決能力がなければ代役は務まらない

こんどは代役について考えてみましょう。

代理はあくまで一場面だけに登場する交代要員ですが、代役は違います。本来の担当者が都合悪くなって引っ込んだときに、その仕事をすべて受け継いで最後までやり遂げるのが代役です。

つまり完全に役が入れ替わってしまいます。

したがって、**権限と同時に責任も受け継ぎます。**

これがけっこう、つらいのです。

なぜならまず、最初にも書いたように急遽《きゅうきょ》指名されることが多いからです。

スポーツや芸術のような個人の才能が試される場所でしたら、この突然のチャンスを実らせて桧《ひのき》舞台に立つ人もいます。

小澤征爾さんのような例ですね。

けれどもビジネスの場合は、最初からハンディを背負うことが多いのです。

まず、うまくいっている仕事に代役が起用されることはめったにありません。行きづまったり破綻《はたん》してしまったときに、責任者の「首がすげ替えられる」というのが実情ですから、最初から困難な状況を引き受けなければいけないのです。

あるいは、だれも引き受け手がいないような仕事です。

本来なら担当が決まっているのに、その人間がなんだかんだと理由をつけて降りてしまい、仕方なしに代役が立てられます。

たとえばトラブルの処理、あまり結果の期待できない接待や交渉、幹事のような縁の下の力持ち的な仕事などです。地味だったり、神経を使うわりに見返りの少ない仕事というのは、みんなが逃げ回ってしまいますから、ふだんは目立たない人間に代役が回ってくることが多いのです。

けれども、それがマイペースで争いの嫌いな人の出番ではないでしょうか。

なぜならつねに打つ手を考えられる人だからです。

むずかしい状況のなかでも、決して投げ出したりしないで、そのとき打てる最善手を選べる人だからです。「苦肉の策」でも「次善の策」でも、状況を変えることはできます。**問題解決能力は、勝ち負けにこだわる人よりも、「マイペースな人」にこそ身につきやすいもの**なのです。

代役であっても存在感を示すのが「争わない人」です

マイペースな人は他人を押しのけてまで自分を主張することはありません。その意味では、チャンスをなかなかつかめない人です。

けれども、代役や代理は、むしろ無理なパフォーマンスをしない人に回ってきます。

これはある意味では当然のことで、「オレがオレが」「わたしがわたしが」とでしゃばる人にはとても自分の代理は任せられません。上司にしてみれば、自分の大切な取引先に自己主張の強い部下を代理に立てるわけにはいかないのです。

それよりむしろ、日ごろからきちんと自分の責任を果たしている人です。そういう人なら、代理を頼んでも間違いはないだろうと思うのです。

しかもここまでに提案したような、受け答えのきちんとできる人ならなおさら安心です。先方にも好印象を与えてくれるからです。

代役も同じです。

それが注目を浴びる役割なら、「自分が自分が」という人がつぎつぎに名乗りを上げるでしょうが、みんなが逃げ回る仕事でもだれかが受けもたなければいけません。それがどんなに地味で、報われない仕事だとしても、仕事であるかぎりやらなければいけないのです。

地味で面倒な仕事、行きづまりかけた仕事、前任者が途中で投げ出したような仕事をしっかりと締めくくることで、争いの嫌いな人、マイペースな人＝「自分は自分、人は人」という人の存在感が増してきます。

まともな会社であれば、**そういう人は時間がかかってもかならず評価されます。**

法則その7

「率先して後片づけをする」人は勝ち組になる

「この人は信用できる」と思わせるのはこんな人です

マイペースで、「争わない生き方をする人」の最大の長所は、公平だということです。何にせよ偏りがあるということは人と衝突しやすいということです。

それに自分を強く主張しない人は、平凡な仕事、地味な役割でもそれが当たり前と苦にせず取り組むことができますから、「なぜこんな仕事をわたしがやらなければいけないんだ」といった偉ぶった気持ちはもち合わせていません。

たとえば部署の飲み会で、率先してみんなの注文をまとめたり、各人の前に取り皿を配るような人がいますね。そういう人はかならずしも新人や平社員や女子社員である必要はないわけで、要はだれかがやらなければいけないことを自分から進んでやっているというだけのことです。少なくとも本人はそう思っています。

ときには上司やベテラン社員であっても、そういった下働きのような作業に気さくに取り組んでくれます。

すると、その人の公平さが伝わってきます。キャリアやポストがどうであれ、みんなで手分けしてできる作業は公平に分担しようという気持ちが伝わってくるからです。

こういった公平さが、上下関係を超えた信頼感を生むのでしょう。

どんなに能力やキャリアがあっても、一つの作業を公平に分け合えず、ふんぞり返っているような人間は、チーム全体の信頼を得ることはできないからです。

「これは自分の仕事じゃない」というのは大きな勘違い

それにしても、プライドなのか単なるわがままなのか、「これはわたしの仕事じゃない」という発想はどこから出てくるのでしょうか。

かつて、女性社員が「わたしたちはお茶くみに雇われたのではない」「自分のコピーは自分で取りましょう」と声を上げたことがありました。

そのために男性社員が接客を中断させて自分でお茶を入れたり、コピーの順番を待って仕事が滞るといった笑うに笑えない光景が見られたといいます。

いまはもう、そういった声はほとんど聞かれなくなりました。女性上司は珍しくなく、男性社員より実績を挙げている女性社員も珍しくないのですから、お茶は本人が入れられなかったら手の空いている人が入れればいいということに気がついたのです。

つまり、かつての女性社員には職場のしきたりに対して不公平感が強くありましたが、仕事に男も女もないとわかってくると、お茶くみやコピー取りぐらいで目くじらを立てる気持ちはなくなったのです（もっともいまでも古い体質を残している会社があるかもしれませんが）。

ポストやポジションは異なっても、職場にはみんなで公平に受けもたなければいけない仕事があります。

たとえば席を離れている人のデスクの電話が鳴ったら、近くにいて手の空いていている人が出なければいけません。応接用のソファーに新聞が広げたままなら、気がついた人が片づけなければいけません。不意の来客にはこれも手の空いている人が応対しなければいけないし、出前の食器が目につくところに放置してあったら片づけなければいけません。こういった例は無数にあるはずです。

そのときに、「これはわたしの仕事じゃない」と考えるような人は、仕事の公平さを理解していないということになるはずです。旧時代そのままの、何か大きな勘違いをしていると思われても仕方がないのです。

指図して自分は動かない人間も勘違いしています

もう一つ、勘違いのタイプがあります。

上司に比較的多いのですが、つねに「自分は指図する人間」と思い込んでいる人です。いまも昔も女性社員にいちばん攻撃されるのがこのタイプでしょう。

「お茶を入れてくれ」「クズかごのゴミを捨ててくれ」「西日が入るからカーテンを閉めてくれ」「ドアをきちんと閉めてくれ」「電話に出てくれ」といった調子で、ヒマさえあれば部下に指図します。

たいていは「だれか」という前置きが入ります。「だれか△△してくれ！」です。

ではそのとき、この上司は何をしているのかというと、とくに何もしていません。むずかしい顔で書類を読んだり、手帳を広げているだけです。

本人はそれで「手が離せない」といっているつもりかもしれませんが、実際に仕事に追われている部下にしてみれば冗談ではありません。「だれか！」と上司が声を荒らげるたびに、「自分でやれば」と胸のなかでツッコミを入れているのです。

ここでも、指図だけして自分は動かない人間の勘違いがあります。

職場のすべての動きに上下関係があるという勘違いです。 かわいそうなくらいトンチンカンです。立場が上の人間は指示を出せばいい、下の人間は指示に従えばいいというのは思い込みです。

こういった勘違いがどこから来るかといえば、やはり上下関係に縛られているからでしょう。公平さを理解していません。だから、「上司のわたしがこんなことで動く必要はない」という了見の狭さが出てくるのです。

「後片づけ」は一人が動けばみんながついてきます

「マイペースな人」に話を戻しましょう。マイペースで争いの嫌いな人は、みんなで作業をするときにあれこれ指図はしません。

何もいわずに自分の役割を決めて実行します。**何が自分の役割かは周囲を見渡せばすぐにわかることで、人が手をつけていない作業や遅れている作業を気軽に受けもちます。**

迷わずそういう動きができるのは、公平だからです。

「これは自分がやることじゃない」という考え方はしないのです。

そういう作業のなかでいちばんわかりやすいのが「後片づけ」ではないでしょう

か。

　たとえば会議室でミーティングがあります。スタッフ全員が集まって、椅子やテーブルを動かしたり、スクリーンやプロジェクターを準備したり、資料やサンプルを広げたりお茶を運んだりします。ミーティングが終われば会議室は元通りに片づけなければいけません。自分がもち込んだものは自分でもち帰るとしても、そのほかにやることがたくさんあります。

　といっても、スタッフ全員で手分けして取り組めば、ほんの短い時間で終わるはずです。ミーティングが終わってもそのまま座り込んで、グズグズとおしゃべりを続けないで、「じゃあ、これで」というひとことと同時に片づけを始めれば、気持ちよく区切りをつけることができます。

　そのとき、率先して動く人がかならずいますね。

「ああ、これを片づけなきゃいけないんだ」と億劫に感じているときでも、一人がスッと立って椅子やテーブルを元の位置に戻したり、コーヒーカップや茶碗を運び始めると、みんなが「よし、片づけてしまおう」という気になるのです。

一人が動けば、役割分担も決まってきます

率先して片づけを始める人は、だれにも指図はしません。

まず自分が動いていちばん面倒なことや手間のかかることを片づけようとします。いまの例でしたら、散乱した資料を集めて整理したり、各人の前にあるコーヒーカップを運ぶようなことです。

すると、それ以外の人も自然に体が動きます。

椅子を運ぶ、テーブルを直す、スクリーンやプロジェクターを片づけるといった作業を、自然な流れのなかで割りふって実行します。ものの数分で会議室はきれいに整理されて、ここで初めて「お疲れさま」の声が出るのです。一連の流れが気持ちよく締めくくられたことになります。

でももし、率先して動く人がいなければどうなるでしょうか。

「面倒だなあ」という気持ちのままにダラダラとおしゃべりが続けば、片づけのきっかけがつかめません。自分がもち込んだものは自分で片づけるとしても、面倒なことはやりたくないなという気持ちになってしまいます。

けれども散らかしっぱなしにはできないのですから、結局はのろのろと作業を始めることになります。

すると、仕方なく茶碗の片づけを受けもってしまった人は、「なんでわたしが」と思いますね。「いつもこうだ」「みんな調子がいいんだから」と不満が残ってしまうのです。

自分の仕事を優先させたいのはだれでも同じ

なかには「つぎの予定があるから」と先に席を立ってしまう人がいます。

それが上司や、スタッフのなかでもリーダー役の人の場合は、だれも文句はいえません。けれども内心で、「忙しいのはみんな同じだ」と反撥するでしょう。残された人にはどうしても不公平感が生まれてしまいます。

ましてや通常のスタッフミーティングは平等な立場で意見のやり取りが行なわれますから、それが終わったとたんに「自分の都合」をもち出す人がいればどうしても信頼感はもてなくなります。

「いうことはいいけど、自分勝手なだけじゃないか」と受け取られてしまうのです。

率先して片づけに動く人は違います。

「忙しいのはみんな同じだ」ということがわかっています。

「だからさっさと片づけよう」と考えるのです。

そのためにはまず、いちばん時間のかかることから手をつければいいと考えますから、少しも迷いがありません。

そして、真っ先に手間のかかることに手をつける人がいれば、ほかの人も動きやすくなります。「じゃあわたしは椅子を片づけよう」「じゃあ、自分はテーブルを拭こう」といった具合に、たちまち自分のできることに気がつくのです。

そのときみんなどういう気持ちになっていると思いますか？

「忙しいのは自分だけじゃないんだから」

そう考えたときに、**後片づけは少しもイヤな作業ではなくなります。**率先して片づけに動く人が、みんなにそのことを教えてくれるのです。

「後片づけ」は競い合っても気持ちのいい世界です

後片づけは少しもでしゃばりではありません。

会議でもパーティーでも、もう本番は終わっているのです。

残された作業が後片づけですから、地味な締めくくりになってきます。

けれどもこの締めくくりは、だれかが率先して動くか動かないかでずいぶん作業スピードが違ってきます。

しかも、きれいに片づけば全員がホッとします。終わりよければすべてよしで、みんなが満足できるのです。

マイペースで、「争わない生き方をする人」にこそ率先して後片づけに動くことを勧めたい理由は、それが気持ちのいい作業だからです。

一人が立ち上がれば自然に作業分担ができて、それこそ競い合うように片づけ始めたとしても、この競い合いは気持ちいいのです。

「争わない生き方をする人」は、自分からでしゃばりませんが、後片づけなら大丈夫です。会議やパーティーでは主役にならなくても、後片づけなら「この人がいたから」と思ってもらうことができます。

しかも、自分から率先して動くだけで、他人に指図したり、あるいは指図されたりすることもありません。そういう点でも気が楽なのです。

自分を強く主張できない人は、リーダーシップを取れないとよくいいます。

そんなことはありませんね。**黙って動くだけで、背中でリーダーシップを発揮できる人は恰好いいのです。**

その典型が、率先して後片づけに動く人ではないでしょうか。

「争わない生き方をする人」、「マイペースな人」の、一つの勝ち方のヒントが後片づけには隠されていると思ってください。

法則その8

「読書の世界」が争いを忘れさせる

本から得た知識は「得した気分」にしてくれます

政治と宗教の話は人との話題にしないほうがいいとよくいわれます。どちらも人を必要以上に熱くさせるからです。世の中にはディベート好きな人もいます。勝った、負けたが好きなのですが、このタイプはつき合って面倒なものです。自分が勝ったとなれば相手を見下すし、負けたとしても負けを認めません。

この人たちがよく新聞や本を読んでいるのは事実でしょう。でも、世の中のことを知ることは人に勝つためではないはずです。

「争うのが嫌いな人」は、人と話をすることは嫌いではないし、情報交換になる話なら積極的に耳を傾けます。聞き上手なのです。それがこの人の生き方です。

でも、**聞き上手になるためにはその分野についての最低限の知識が必要になります。**ですから本はよく読むし、新聞、雑誌も時間があれば目を通します。

そのおかげで相手の話の概略ぐらいは理解できて、わからないことは質問できるようなら安心します。たとえば経済や政治に詳しい人間に会えたときに、何一つ話題にできないようではあまりにもったいないし悔しい気がしますが、短い時間でも大事な知識をそこで得ることができれば、ものすごく得したような気持ちになるのです。

他人と争わなくても知的な武装は必要

「マイペースな人」は、口論も嫌いなはずです。

他人と感情的なことばをぶつけ合うことはできるだけ避けようとします。でも他人と話すことが嫌いなわけではありません。一つのテーマを巡って、おたがいに考えていることを語り合うのは楽しい時間だからです。

そのとき、たとえ考えが違っていても、相手が知識も豊富でその知識をベースとして導かれる推論や意見を述べてくれれば、こちらも冷静に話を聞くことができます。それが自分とは異なる意見でも、「なるほど、そういうことなのか」と納得できます。

相手がもし、知識はないのに思い込みだけが強い人間だとすればどうなるでしょうか。

落ち着いた話し合いにはなりませんね。

向こうはすぐに感情的になってしまうからです。

「マイペースな人」はそういうとき、黙り込むしかありません。「この人には、いくら話してもムダなんだろうな」と思って、話題を変えるしかないのです。そのことで、べつに「議論に負けた」とは思わないはずです。

わたしが本を読んで知識を得ることは大事だと思うのは、こういったケースに冷静に対応できるからです。

相手がどんなに思い込みが激しく自分の感情をむき出しにしてくるような人であっても、その場の「勝ち負け」に巻き込まれずに済みます。「ここはまあ、いいたいことをいわせておこう」と笑い過ごすことができるからです。

でも、こちらに知識がなければなかなかそうはいきません。

感情のぶつかり合いになってしまえば、争いの嫌いな人は身を引きます。相手は勝ち誇り、こちらは悔しい思いをします。**たとえ他人と争うつもりはなくても、知的な武装はしておいたほうがいい**のです。

座右の書をもつ人はこころが折れない

作家の野坂昭如さんは、終戦直後の食うや食わずの時代に正岡子規の『墨汁一滴《ぼくじゅういってき》』『病牀六尺《びょうしょうろくしゃく》』『仰臥漫録《ぎょうがまんろく》』といった一連の著作の文庫本をつねにもち歩き、読み続けたといいます。その男性的な文章のリズムや、死を目前にしながら毎日の献立を詳細に書き続けた生きざまが、へこたれそうな自分のこころを支えてくれたのだといいます。

こういった例はじつに多くの人が語っています。

左遷や出向で不遇の時代を過ごすビジネスマンが、城山三郎さんの企業小説や藤沢周平さんの時代小説に登場する人物に自分を重ね合わせたり、スランプに陥ったスポーツ選手が偉大なアスリートたちの自伝を読んで奮い立つといったケースです。

若い人たちにも、その日のイヤなことはすべて、自宅に帰って『指輪物語』や『ゲド戦記』の続きを読んでいるうちに忘れてしまうということがあるでしょうし、40歳を過ぎて夏目漱石の『三四郎』や『それから』といった小説にいまさらながらはまってしまったという人もいます。将来に漠然とした不安を感じるときに、神谷美恵子さんの『生きがいについて』を読むとこころが落ち着くという女性もいます。

すべて、**1冊の本が生きる勇気を与えてくれる**という話です。

本を読まなくなった人が、なぜ本をもっているのでしょうか

たいていの人には自分の本棚があり、そこに何冊かの本が並んでいるはずです。引越しや整理のたびに何冊かの本が処分されたかもしれません。ふと思い出して探してみたらどうしても見つからなかったという経験もあるでしょう。

それでもいま残っているというのは、その本を「また読むことがあるかもしれない」と思ったからですね。

では、読んでみましたか？

読むつもりで取っておいても、この何年か、手に取ったこともない本が大部分ではないでしょうか。

そうなのです。これだけ本が売れない時代になり、活字離れはもうずいぶん前から指摘されてきたのですから、本棚に並んでいるほとんどの本は「いつか読むだろ

う」と考えたものばかりなのです。

つまり、どんな人でもその気になれば、いますぐにでも読書の世界に戻ることができるのです。かつてこころを遊ばせてくれた世界が、目の前の本棚にいまでも並んでいるからです。

自分が読んできた本に「求める世界」が隠されている

本を読む習慣がなくなった人でも、ときどき「何か面白い本はないだろうか」と考えます。

書店に出かけてうずたかく積まれたベストセラー本のコーナーを眺めます。

そこで評判になっている本を買い求め、読んで面白いと感じれば「面白かった」、つまらないと感じれば「つまらなかった」、それで終わってしまいます。みんなが読んでいるという理由で買った本ですから、その先に進めません。またみんなが読んでいる本が発売されないかぎり、自分から本を手にすることはないのです。

けれどもきっかけはなんであれ、「やっぱり読書は楽しいなあ」と気がつけば、そこでもっと読みたくなる人がかならず出てきます。そんな人こそ、ぜひ再読を試みてください。

なぜなら、自分の書棚に並んでいる本こそ「いつか読み直したい」と思っていた本だからです。それを、5年、10年といった時間を経て読み返してみることで、気がつくことがきっとあるのです。

これはある人文系の大学教授の話していたことですが、過去に読んできた本をふたたび手に取って見ると、自分のめざしてきたものがはっきりと見えてくるといいます。

「手当たり次第に読んできたようでも、好みの基準があって、それがいまの自分をつくっているんだなと気がつく」

それによって、では**これからどういったテーマを追い求めていけばいいのかというヒントが浮かんでくる**のだそうです。つまり、再読することで忘れかけていた世界を思い出すことがあります。

書店に出かけて面白そうな本を探すのは、それからでも間に合います。

法則 その 9

相手のコツを「盗む」ことが大切

「できる人」はみんなコツを身につけている

わたしが受験生のころ、本もよく読んでいて映画や美術にも詳しく、おまけにゲームセンターで遊んでいるくせに成績はトップクラスという友人がいました。最初のころは、「世の中にはほんとうに頭のいいやつがいるんだな」とただ感心していたのですが、その友人の下宿している部屋に遊びにいって、ものすごく納得したことがあります。

彼はほとんどの科目でたった1冊の参考書しかもっていなかったのです。

「だって何冊読んでも覚えることは同じじゃないか。だったら1冊だけ読み込んだほうが頭に入るよ」

そういわれたときに、頭のなかのもやもやしたものがスッと消し飛んだような気がしたのです。

じつはそのころ、わたしの成績は低迷していました。

勉強時間だけは人並みに取っていたのですが、不安や自信のなさから集中力も欠けてきて、その上、ラジオの深夜放送にはまって、いろんな参考書や問題集に手を出しては放り投げている最中だったのです。

それが、わたしから見れば好きなことを楽しみながら学年でもトップクラスの成績を上げている友人のひとことで、「そうだったのか」と納得してしまったのです。

もちろんそれ以外にも自分で工夫したことはありますが、とにかくわたしは友人のやり方を取り入れて勉強法を変え、それによって成績が上がりだしました。いったんいい方向に向かいだせば「このやり方で間違いないんだ」という自信が生まれますから、迷いが消えたぶんだけ集中力も生まれてきたのです。

でもきっかけは、友人のコツを盗んだことです。

おそらく彼は彼なりに工夫し、試行錯誤を経て身につけたコツなのでしょう。どんなに単純に見えても、そのコツのなかに「できる人」の技術が集約されているはずなのです。

こだわらずに「いいとこ取り」をしましょう

勉強というのはコツを覚えれば成績も上がりだします。

成績はテストの点数で示されますから、客観的に判断できます。そういう意味ではわかりやすい世界でもあるのです。

問題は、そのコツをつかむまでの苦労です。自分でいろいろなやり方を試して、どうすれば覚えられるか、どうすれば効率よく頭に入れることができるかを探ってみなければいけません。

でも、勉強のできない人がそれを探るのは容易ではありません。自信がないから何を試してもすぐに不安になるのです。「これじゃダメだ」と思うばかりで、いつまで経っても一つのやり方に絞り込めません。

そういうときには**素直に「できる人」の勉強法をマネするのがいちばんです。**

「できる人」だって最初からできたわけではなくて、自分なりに工夫して見つけた勉強法を実行しています。それをマネすることは、いわば「いいとこ取り」なのですが、少しも悪いことではありません。いまはいくらでも、成功者の勉強法の本も出ています。

じつはこういうときにも、争いの嫌いな人は有利なのです。勝ち負けの感覚にこだわればどうしても意地になってしまい、「いまさらあいつに教えてもらいたくない」とか、「自分は自分のやり方で頑張る」と思うからです。

争いの嫌いな人、マイペースな人は違います。

「この人にはかなわない」と思えば素直に頭を下げて教えてもらうことができます。でも教えてもらったら、つぎは実行しなければいけません。

ここから先は本人が頑張るしかないのですから、決してただの「いいとこ取り」ではないのです。

ダンゴになって争っても
そこから抜け出せない

セールスや営業の分野には、2番手グループの人がいます。

トップセールスマンほどの数字を残せなくても、自分の目標はきちんと達成する人たちです。

その下に、目標を達成できたりできなかったりという中位グループがいて、さらにその下にいつも目標に届かない下位グループがいます。

ここで面白いのは、**中位グループと下位グループはかんたんに入れ替わるのに、中位グループから2番手グループに上がるのは容易ではないということです。**

そのかわり、一度2番手グループに上がってくるとそこで成績が安定してくるようになります。

トップをめざす位置につけたことで、仕事に意欲が生まれてくるからです。

何をいいたいかといいますと、人はどこを見るかで意欲も努力も工夫も、もちろん結果もずいぶん違ってくるということです。

中位グループにいれば「まだ下がある」と思います。

下位グループにいても、すぐ上のグループにはいつでも追いつけると思ってしまいます。実際、この二つのグループはかんたんに入れ替わります。

ということは、中位も下位もおたがいに相手のグループしか見ていません。

しかも、「どっちが上か」といった低レベルの目線しかもっていません。

何がいちばん足りないのかといえば、売上げを伸ばすための技術や方法を探る気持ちなのです。

「負けないぞ」と争ったところで、しょせんはダンゴになった下位グループのなかでの争いでしかないのです。

上を見る気持ちになったときに技術を盗もうと気がつく

ところが2番手グループに上がってくると、トップが見えてきます。

中位グループにいたときには「どうせムリ」とあきらめていたトップが、ぐんと間近な存在になってきます。

すると、「何が違うのか」と考えるようになるのです。

「まずまずの結果は出せるようになったけど、あいつはさらに上にいる。自分だって努力はしているんだから、追いつくためにはきっと何かのコツがあるはずだ」と気がつくのです。

実際、2番手グループのセールスマンはトップのやり方を可能なかぎり試してみるといいます。

「全体の業績が低迷していても、トップはつねに目標を達成している。なぜそれが

できるのか」

そう考えて、前向きな思考法や時間管理やセールストーク、1日の動きや電話のかけ方までマネをしてみるようになるのです。

そのなかで、「これは使える」と思った技術を実行します。2番手につけていればすでに自分なりの工夫でつかんだ技術もありますから、それにさらに「いいとこ取り」を実行することでどんどんトップに近づいていくのです。

ここで大事なのは、上に近づくことでさらに上を細かく観察できるようになったということです。

トップにあって自分にないものは何かが、見える位置に来たということです。

中位以下にいるときは、そもそもトップを見ようともしません。あるいは見ても「とてもマネできない」とあきらめてしまいます。技術を盗もうという発想がまったく出てこないのです。

できる人に手を貸すチャンスを逃してはいけません

法則6で代理の仕事を積極的に引き受けようという話をしましたが、じつは「できる人」の代理を務めることでその技術が盗めるというメリットもあるのです。

たとえばあなたが上司の代理で見積書を提出するような仕事を命じられたときに、先方の担当者とも短い挨拶やことばのやり取りが生まれます。

そのときに、その上司の仕事が評価されていればかならず好意的な話題が出てきます。

「Aさんはこうして顔を合わせたあとも、かならずメールで短いお礼をいってくるんですよ」といったことです。

そのときおそらく、あなたは「えっ？」と思うはずです。

そんなことはいままで上司の口から聞いたことがないからです。

「そうだったのか。課長は大ざっぱに見えるけど、そんな気遣いをしていたのか」

そう知っただけで、きっと上司の仕事のコツを盗んだような気がするはずです。

したがって、できる人に手を貸すチャンスがあったら、それを逃してはいけません。


代理にかぎらず、手伝いを頼まれたときでもぜひ喜んで引き受けてください。

たとえば子どもは親の手伝いをしながら、掃除や料理や洗い物といった基本的な家事を覚えていきますね。

いくら口で説明されてもわからないことが、母親と一緒にやってみればコツを呑み込むのが早いのです。

仕事だって同じです。


上司や先輩にかぎらず、できる人と一緒に同じ仕事をしてみると、「なるほど、そうやるのか」という発見がかならずあります。

手伝うことでおたがいの距離が縮まります

技術を盗むということを、狭い意味で考えないほうがいいです。

「こんな仕事を手伝ってもなんの得にもならない」といった考え方は短絡に過ぎるし、もったいないと思うからです。

なぜなら、**いまの自分の仕事に直接役立たないようなことでも、覚えておいて損をすることはない**からです。たとえばメーカーのデスクワークをしているような人が、販売の一線に立ってみることは貴重な経験です。それがほんの手伝いだとしても、手伝いで店頭やユーザーの前に立てることが貴重なのです。

それからもっと貴重なのは、不慣れな仕事を手伝うことで、ふだんは接することのない部署の人に親近感を覚えるようになるということです。

会社というのは不思議なもので、仕事内容の見えない他人の部署が気楽そうに見えてしまいます。毎日、デスクに縛りつけられて、上司の視線を気にしながら数字の操作に神経を遣っている経理のような部署から見れば、社外に飛び出して自由に動き回れる営業は気楽な商売に思えてくるのです。

ところが、そういう人でも自分が販売の一線に立ってみれば、「楽じゃないな」とわかります。手伝ってもらうほうも「わかったかな」と満足します。その瞬間、いままで感じなかった親近感が生まれてきます。少なくとも、距離は縮まるはずです。

争いの嫌いな人なら部署が違っても親しい関係がつくれる

他人の仕事を手伝うことで、知らなかった仕事のコツを学べるチャンスが生まれます。

勉強だって、できる人と一緒にやればそのコツがどんどんわかってくるでしょう。

それと同じです。**手伝うことも、教わることなのです。**

そして手伝ってもらうほうからすれば、素直に仕事のコツを覚えようとする人はやはり気持ちいいでしょう。

ところがここでも、勝ち負けにこだわる人は素直に教わる気持ちになれません。「こっちは不慣れなんだからできなくて当たり前だ」と考え、「こんな仕事、覚えたって自分のためにならない」と考えます。

基本的に、「手伝ってやってるんだ」という態度なのです。

これではコツを覚えないどころか、親近感も生まれません。素直じゃないというのが、勝ち負けにこだわる人の欠点でもあるのです。

その点で、「争わない生き方をする人」「マイペースな人」は幸せです。

きちんとした受け答えができて、コツコツやれる人です。気さくな態度で教えたつまり自分が手伝うときでも、手伝ってもらうときでも、パートナーとうまくやっていける人なのです。

したがって、部署を飛び越えていい人間関係をつくっていけるのです。

人はみんな何かしらの「技術」があると気づきましょう

他人とうまくやっていく最大のコツは、**その人の取り柄となる部分とつき合うことです。**人にはだれでも長所と短所がありますが、人間関係につまずきやすい人にかぎって、相手の短所にばかり目をやってしまうことが多いのです。

たとえばことばのきつい人が相手の場合、「この人はズケズケとものをいう」と受け取れば短所に目が行ってます。

でも「この人はものごとをはっきりいってくれる」と受け取れば長所に気がついたことになります。ほんのちょっとした受け止め方の違いですが、その違いはあまりに大きいのです。

ここまでに、できる人のコツを盗む効用について書いてきました。

「いいとこ取りをしよう」とか「上を見よう」といった、じつに打算的な考え方を提案してきました。

けれども、たとえ打算だとしても、相手の長所に目を留める気持ちがなければできないことばかりなのです。

勉強でも仕事でも、あるいは家事でも趣味でもスポーツでもすべて同じです。**「この人の技術を盗もう」という気持ちになるためには、まず相手の取り柄を素直に認めなければいけません。**

コツを盗もうと考えることじたいが、他人を認める気持ちなのです。それができるのは「争わない生き方をする人」です。

勝ち負けにこだわる人、他人には負けたくないと考える人は、いつまでも自分のやり方にこだわり続けて苦しむ人でもあるのです。

法則その10

「自分の時間割」を守ろう

早起きを時間割の基本にする

この章では、自分の時間割について考えます。

最初の章でまず、「スタートを早くしよう」と提案しました。人のダンゴにつかまらないためには、やることがわかっていたらすぐに取りかかる習慣をつくるのが大事だと書きました。

仕事でも勉強でも家事でも、それを守れれば自分の時間割の骨格はつくれます。早め早めの着手を心がけるだけで、足の引っ張り合いの世界から抜け出せるのです。

では具体的にどんな時間割をつくればいいのでしょうか。

わたしは早寝早起きが基本だと考えています。さらに単純化すれば「早起き」です。朝の時間をふつうの時間割より2時間繰り上げるだけで、1日が何もかも変わってくるからです。いま7時に起きている人なら5時にしましょうということです。

それによって、午前中のすべてが変わります。こういったことは、早朝の時間活用や早起きの効能を唱えるたくさんの本、雑誌にすでに紹介されていますから、ここであえて詳しい説明はしません。

それでも一つだけ強調したいメリットは、夜の時間に未練がなくなるということです。そもそも2時間早く起きれば2時間早く眠くなるのがわたしたちですから、いままでのようにダラダラと起きて時間つぶしをするような生活は不可能になってしまいます。

早起きすれば午前中の仕事が効率よくできるとか、出社前に勉強ができるとか、そういった現実的な効果も大事ですが、1日の時間割が朝型にシフトするというだけで確実に変わってくることがあります。

他人に心惑わされたり、争いに巻き込まれる時間が減ってくるということです。

なぜなら、朝の時間はだれでもこころが安定していて、前向きな気持ちになれるからです。これから始まる1日を、スッキリした気持ちで迎えることができれば、こんな絶好のスタートはないのです。

肉食系は夜型が似合い、草食系は朝型が似合います

ほとんどの場合、わたしたちの感情が乱れるのは夜の時間帯です。

体はもちろん、精神的な疲労感もあります。

その日にあったイヤなことが、こころのどこかに「しこり」となって残っていたりします。予定通りにいかなかった仕事も気になります。さらには他人とのつき合いもあります。そこでまた不愉快なことがあれば、自宅に帰ってもどこかスッキリしません。

しかも、一つ間違うと夜の時間はエンドレスになります。

まず誘惑が多いのです。テレビやパソコンやアルコールといった誘惑です。そこでつまずいてしまうと、疲労感はどんどん蓄積されます。

その点で、朝は静かです。周りが静かなだけでなく、自分自身の気持ちも平静で

す。朝型の時間割を守るということは、1日のなかに静かな気持ちで過ごせる時間が増えるということです。これだけでも、「争わない生き方をする人」には幸せなことのはずです。

もちろん、夜が大好きという夜型人間もいます。仲間と一緒に飲んだり食べたりして過ごす時間がいちばん楽しいという人たちです。

そういう人たちに、夜を任せておけばいいでしょう。華やぎに満ちた夜時間の似合う人というのはたしかにいるのですから、そこでたっぷりと高揚感を味わってもらえばいいのです。争いの嫌いな人が、ムリしてその時間に加わる必要はありません。いわば肉食系と草食系の棲み分けということになります。

時間割さえ守れば「しょうがない、やるか」と思える

まずほとんどの人は、自分の時間割を守れた1日が過ぎればホッとします。いくつか予定したことがあって、それがすべてうまくいかなくても、とにかくこの時間はこれをしようと決めたことが実行できると安心するのです。

たぶん、自分が「意志の弱い人間」だと知っているからでしょう。

決めたことが実行できない。

すぐ誘惑に負けてしまう。

「たまにはいいか」と思って誘いに乗り、結局、後悔することが多い。

そんな経験を何度も繰り返してきましたから、ただたんに時間割を守れただけでも嬉しくなるのです。

そしてわたしの場合、時間割を守ることで自分を型にはめ込めば、余計なことは

考えなくなるというプラス面がありました。

たとえば受験勉強や資格試験は、8時から10時まで勉強という時間割をつくったらその間はとにかく机に向かい続けたのです。

すると、勉強に集中できなくてもあきらめの境地になってしまいます。「ほかのことに手を出してはいけない時間」と決めているのですから、10時までは動けないのです。

それを毎日続けていると、少なくとも1日2時間、机に向かう習慣だけはできてきます。実際に勉強ができたのかという中身の問題は、どうでもいいのです。**まず習慣をつくってしまうことが先決**なのです。

なぜなら、机に向かう習慣さえできれば、その時間に勉強するところまではあと一息です。ほかにやることがなければ、「しょうがない、勉強するか」ということになるからです。時間割を守れないうちは、気が向いたときでなければとても勉強する気にはなれないのです。

型にはめれば最低限の結果は出せる

勤めのある人でも、「今日は出社したくないな」と思う朝があります。

通勤電車に乗っても、「このままどこかに遊びに行きたい」と思うことがあります。

職場についても、「やる気がしないからカラオケボックスで寝てるか」と思うときがあります。

すべて、「思う」だけですね。

それを実行すればどうなるか、みんなわかっています。

無断欠勤やサボリがバレたら大変だというだけでなく、会社員としての時間の枠をすべて無視すれば、自分がどこかとんでもないところに行ってしまうような気がするからです。

それから一つだけはっきりしているのは、すべての仕事がストップします。成果ゼロの1日になってしまいます。いくつかの予定や約束を放棄することで、ゼロどころかマイナスにさえなってしまいます。

けれども、イヤイヤでも出社さえすればゼロということはありません。

予定通りに仕事が進まなくても、最低限、その日に約束していたことは実行します。そのぶんだけの積み重ねはできるのです。

時間割を守るというのは、この最低限の結果を出せるということです。

その時間の中身がどうであれ、時間割さえ守っていれば大きく崩れることはありません。**「形より中身が大事」という考え方は、まず形をつくってから身につけても遅くはない**と思います。「中身だよ」という人は、形さえつくれずに悪あがきしている人ではないでしょうか。

「つまらないやつ」は「うらやましいやつ」のこと

時間割を守る人間は、はたから見ればクソまじめで面白みのない人間に思えてくるでしょう。

「つき合いの悪いやつだ」とか、「融通の利かない人だ」と思われるかもしれません。ときには「度胸がない」とか「小市民」とまでいわれます。時間割を守ることがなぜ度胸がないのか、なぜ小市民なのか、そのあたりは意味不明なのですが、とにかくあれこれいわれることが多いのです。

したがって、時間割はしばしば守れなくなります。

「たまには仕方ないか」と思って気が進まないときでもお酒をつき合ったり、グチや悪口を聞かされたりします。

するといつも気がつくことがあるのです。

「みんな、あんまり楽しそうじゃないな」と思ってしまうのです。

お酒のいきおいで盛り上りますが、しょせんは悪口やグチ、自分のつまらなさをさらけ出しているだけになります。

もちろん自分もそれほど楽しくありません。

ということは、時間割を守れない人や、そもそも時間割などもっていない人は、いつもたいして楽しくないのかもしれないと気がついてきます。**自分の時間割を守ってつき合いの悪い人間のことを「つまらないやつ」といってますが、ほんとうは「うらやましいやつ」と思っているかもしれないのです。**

時間割を守れば「場の空気」に染まらないで済む

「争いの嫌いな人」は、基本的に自分の時間割を守りたい人です。

他人のペースにふり回されたくありません。コツコツ、自分のペースを守ってやっていければいいと考えています。

ところが「争いの嫌いな人」ほど、そのペースを乱されやすいところがあります。周囲の雰囲気に合わせたり、誘われれば断れないことが多いからです。自分の気持ちをいい出せなくて、つい決めていた時間割を守れなくなってしまいます。

では気の強い人はどうでしょうか。

じつは気の強い人だって同じなのです。

誘いがかかれば断るのが癪《しゃく》な気分になります。自分のいないところでみんなが盛り上がるのは面白くないからです。

だから声をかけてもらったほうが安心します。仲間はずれがイヤなのです。

すると、敵は「場の空気」ということにならないでしょうか。

その場に入ってしまうと、なんとなくその空気に染まってしまうからです。「今日はさっさと帰りたい」と思っているのに、だれもそれを口にしないから「少しならいいか」という雰囲気になってしまうのです。

そういうときこそ自分の時間割を思い出してください。

まず朝型を提案しましたね。「よい子はさっさと帰って寝るのだ」と笑顔で宣言するだけでいいのです。

あるいは「楽しむときは思い切り楽しみたい」でもいいです。何か嬉しいことがあったり、予定していたことが片づいたときには、自分にご褒美のつもりで思い切り楽しめばいいのです。

だから今日は我慢ということです。

1日の時間割を守り続けることが、その楽しみに近づくことだと思い出してください。

みんなの本音は「わたしだって時間割を守りたい！」

自分の時間割のもう一つの基本は、いちばん大切な時間をもつことです。

将来に備えて学びたいこと、知りたいこと、身につけたい技術や知識があるときには、そのために使う時間を1日の中心に据えてしっかりと守り切ることです。

そのためには、それ以外の時間がそこに食い込まないようにしなければいけません。つまり、全体の時間割を守ることが、大切な時間を守ることに結びついてきます。

たとえば会社に勤めながらむずかしい資格を取ったり、小説を書いたり趣味の分野でおカネを稼げるようになる人は、決して仕事をないがしろにしません。たとえ目立たなくてもきちんとノルマを果たしています。職場の評価は決して悪くないのです。

なぜなら、そうでないと自分の時間割が守れなくなるからです。

「あの人は資格試験の勉強優先で仕事の手を抜いている」と思われたら、おそらく会社の目が厳しくなるでしょう。ノルマを増やされたり、残業は断れない雰囲気になってしまいます。

するとどんどん、自分の大切な時間が切り崩されていきます。それでは困るのです。

だから自分のやりたいことに真剣に取り組む人ほど、1日の時間割を守るべきです。

でもこういった考え方や生き方は、だれもが願うことではないでしょうか。「わたしだってそうしたい」とみんなが考えていることではないでしょうか。

にもかかわらず、やりたいことはあっても自分の時間割を守れないから、どんどん流されていくのではないでしょうか。

そうだとすれば、たとえいましっかりした目標が見つからなくても、まず時間割を守ることから始めていいはずです。**1日のなかに、努力と工夫があれば大切な時間を確保できるんだと気づいた人は、「何かやれるはずだ」という気持ちが生まれてくるからです。**

法則その11

「じっくり話し合う」姿勢を貫こう

黙っていれば自分の考えは伝わらない

「自分は自分、人は人」という人は、感情的な議論を好みません。

議論そのものは嫌いではなくても、相手が感情的になり、自分の意見を強く主張してくれればいいたいこともいい出せなくなります。

「あの人に話してもムダだろう」とか、「これをいったら怒らせるかもしれない」と先回りして考えてしまい、結局、何もいわずじまいということが多いのです。

その結果、どうなるでしょうか。

いろいろなことを我慢したり、余計な仕事まで抱え込んだりします。自分のペースを守りたいのに、それができなくなるのです。

いちばんバカバカしいのは「取り越し苦労」です。

「あの人はきっと忙しいだろうから、助けを頼んでも迷惑に思うだろう」

他人に負担をかけたくないという気持ちが争いの嫌いな人にはありますから、自分の希望や要求があってもいい出せないことがあるのです。

でも、しばしばそれで後悔したことがあります。

「ひとことといってくれればよかったのに」と、あとでいわれることがあるからです。この本ではここまで、どちらかといえば争いの嫌いな人が争わなくても「勝てる」方法について考えてきましたが、最後の章ではちょっとだけ視点を変えてみます。

自分の考えや気持ちを口に出すことは、少しも悪いことではありません。かりにそこから感情的なことばのやり取りが始まったとしても、そのときはそのときです。意見のぶつかり合いは争いではありません。要は自分が冷静で、論理的でありさえすればいいのです。

そのことをぜひ思い出してください。

どんなに争いが嫌いな人でも、**黙っているかぎり自分の考えは相手に伝わらないのです。**

態度で威圧する人間こそ、じつは損をしています

押しの強い人にも、自分の考えをきちんといわないところがあります。

ただのぶっきらぼうとか、口下手ではなくて、態度で威圧して相手を従わせようとするからです。

よく横柄な上司が部下に向かって「黙っていわれた通りにしなさい」とか、「説明する必要はない」といったことばを吐きますが、あれと同じです。

自分のキャリアや実績にものをいわせようとする人間も同じです。

「説明してもわからないだろうから」

「ここは任せてくれないか」

そういったいい方が出てきますね。

有無をいわせない態度ということになりますが、本人はそれで話が終わったつも

りでも相手には何も伝わっていません。

すると、「勝手にすれば」とか「やればいいんだろ」ということになります。

それでもし、何か問題が起こったとしてもおたがい、どうしようもないのです。「いわれた通りにしろ」と命じられればその通りにするしかありません。結果に責任は負えないし、任せたことは最後まで任せっきりにするしかないのです。

つまりことばや態度で威圧する人間は、他人の協力を得ることができません。

自分の意見や考えをきちんと説明しませんから、いくら思い通りにものごとを進めても、何か問題が起きたときには一人でかぶるしかないのです。

ここでもいえることは、**ものごとをスムーズに進めるためにはまず、話し合うという手続きを欠かしてはいけない**ということです。

話し合えば事前に予期できたり防ぐことのできるはずのトラブルがかならずあるからです。

話し合えばその人のよさが見えてくる

わたしたちには好き嫌いがあります。

あの人は好き、あの人は嫌いという、人間関係の好き嫌いです。

あるいは敵・味方の感覚です。

「彼はいつもわたしの意見に反対してくる」とか、「彼女ならわかってくれるだろう」といった、相手を敵に感じたり味方に感じたりする感覚です。

こういった感覚は、押しの強い人や他人と争う人ほど強いのですが、争いの嫌いな人にももちろんあります。これは仕方ないでしょう。ただ、「自分は自分、人は人」という人が自分の考えを相手に伝えようとか、わかってもらおうと思うなら、どういう相手であっても話し合う気持ちを忘れてはいけないはずです。

とくに、嫌いな相手や自分と合わないと感じる相手ほど、この話し合いの手続きが必要になってくるのです。

こういったことは、文章にしてしまえばだれでも「当たり前じゃないか」と思うでしょう。

でも現実には、ほとんどの場合、自分が嫌いな人間や意見の合わない人間とは最初から話し合おうという気持ちにさえならないのです。

「話さなくてもわかっている。どうせ反対するに決まっている」と考えるからです。

したがって、相手の考えや気持ちがほんとうのところはどうなのか、あるいは自分の考えや気持ちがどう受け止められるのか、そこはわかっていません。

そしてもっと大事なのは、嫌いでも合わなくても、向き合って話してみればその思い込みが変わってくることがあるという事実です。

わたしたちはしょっちゅう、「話してみたら悪い人じゃなかった」とか、「あの人は嫌いだけど、話してみれば頷けることもあった」といった感想をもちます。

すべて、話してみたからわかったことです。

争いが嫌いでも責任逃れはいけません

もう一つ大事なのは、なんのために話し合うのかということです。

こちらの意見を通すためでしょうか。

相手の意見をつぶすためでしょうか。

勝ち負けにこだわってしまうと、話し合いは「どっちがいい負かすか」といった論争の場になってしまいます。あるいは相手を黙らせたほうが勝ちです。

そこで争いの嫌いな人は「いわせておこう」とあきらめてしまう傾向があります。どちらにしても、話し合うのはなんのためなのかという大事なことを忘れてしまうのです。

話し合うのはその場において「正しい答」を出すためです。意見が食い違うから話し合うのは当然としても、**どちらが勝つか負けるか決着をつけるためではありま**

せん。

たとえば仕事の方向性や、やり方について話し合うときでも、一人の出した意見をみんなで鵜呑みにしてしまうより、異なる意見がたくさん出てきたほうがいいでしょう。それだけ選択肢が増えるのですから、より「正しい答」に近づくことができるはずです。

そこで自分の意見があるのに黙ってしまうと、「正しい答」からずれてしまう可能性があります。そしてたとえずれた答が出されたとしても、話し合いの場にいた以上は従うしかないのです。その結果、失敗したらだれの責任になるのでしょうか。

「自分は自分、人は人」という人に考えていただきたいのはそういう問題です。

「わたしは反対だったけど、いい争いになるから黙っていた」

もしそんな弁解をするようでしたら、情けないと思います。

争いの嫌いな人は、ときどき自分が火の粉をかぶるのがイヤで、修羅場を避けようとするからです。穏やかな人、温厚な人が、じつは責任逃れの達人だったりすることはよくあるのです。

人と話すことは、相手をわかろうとすることです

意見が食い違ったときにはじっくり話し合うこと。

どういう場合でも、それさえ忘れなければ争いが嫌いでも強く生きていけます。

これは勝ち負けとは無関係です。

強く生きていけるというのは、人と争わなくても自分の納得のいく生き方ができるということです。

自分で自分の生き方を窮屈にする人には、他人を色分けするクセがあります。

「あの人は嫌いだ」「あいつは味方だ」「彼女はA子の友だち」「彼女はB子のグループ」

そんな感じで一人一人を自分に「合う、合わない」「仲間か敵か」と分けてしまいます。

すると、だれのこともわかろうとはしなくなるのです。

自分と合うとか、仲間だと思ってしまえばもう、その人をすべてわかったつもりでいます。

自分と合わないとか、敵だと思ってしまえば、やはりわかったつもりになってしまいます。この場合は、「どうせ話が合わない」というわかり方です。

「争いの嫌いな人」はおそらく、自分のこともわかってくれる人がわかってくれればいいと考えるでしょう。この考え方じたいは少しも間違いではありません。

でも、あなたのことをほんとうにわかってくれる人は、少なくともあなたと話し合える人でなければいけません。ただたんに、**あなたを味方だと思っている人があなたをわかっているとはかぎらない**からです。

そうだとしたら、もう敵とか味方とか、あるいは合う、合わないといった色分けは意味がなくなってきますね。

いちばん大事なのは、その人とじっくり話し合えるかどうかです。いまの自分をわかってもらい、いまの相手の気持ちを知ることができるかどうかです。人と話し合うことは、それじたいが、おたがいに相手をわかろうとする気持ちの表われになってくるのです。

「いうだけムダ」と最初からあきらめたら逃げるしかない

「自分は自分、人は人」という人は、はたから見て少しむずかしいところがあります。

勝ち負けにこだわらない性格なのか、それとも負けるのがイヤだから争わないのか、そのあたりの性格がわかりにくいのです。

でも本人はわかっていますね。

やはり負けるのはイヤです。

負ければ悔しいし、屈辱感も味わいます。

だからなるべく争いの場に引き込まれないようにふるまうことが多いのです。

そこで、どうすれば争いに巻き込まれずに、自分のペースでやっていけるかを考えたのが前章までの展開だと思ってください。

でもこの章では、あえて争いに巻き込まれることを覚悟してもらいます。

相手が勝ち負けにこだわる人間、理屈や論理より力の優劣を前面に出してくる人間なら、ときには話し合ってもムダになります。「余計なことをいうんじゃなかった」と後悔することがあるかもしれません。

それでもあきらめないでください。

ダメならそのときあきらめればいいのであって、最初からあきらめることだけはしないでください。

人間には踏みとどまらなければいけない場面がかならずあるのです。

どういう場合でも、「いうだけムダ」と思えば逃げるしかなくなってしまいます。

それは結局、答を出すことを放り投げた問題が身のまわりに増えることになります。こんな生きづらい環境はないのです。

じっくり話し合えば、人と争わなくてもマイペースは守れる

けれども「自分は自分、人は人」という人には長所があります。どんな相手からも、「この人なら大丈夫」と思ってもらえることです。

「この人なら話せばわかってもらえる」

「この人の話すことなら聞いてやってもいい」

そういった気安さがあるのです。

穏やかな性格だからそう思ってもらえます。

落ち着いた態度だからそう思ってもらえます。

そのことを、どうか自分の長所として誇りに思っててください。

「それってナメられているんじゃないか」とは考えないでください。

なぜなら、勝ち負けにこだわる人や、話してもすぐにムキになる人は、最初から

相手にしてもらえないからです。争いの嫌いな人だからこそ、「この人がいうのなら聞いてやらなくちゃ」と思ってくれる人がかならずいます。

そして、じっくり話し合えばいくつもの答が返ってきます。

「とても聞いてもらえないだろう」と思った自分の意見があっさり同意されたり、相手も思いがけない本音をもらしてくれたり、たとえ対立しても譲り合えることが出てきたりするのです。

話し合うというのは、本来、争うことではなくてわかり合うことだというのがかならず実感できます。争うのが嫌いな人だから、それが可能になるのです。

めざすのは自分のペースでコツコツやることでした。

人とじっくり話し合うことも、自分のペースのなかに取り込んでください。

エピローグ

人の数だけ いろいろな勝ち方がある

「自分は自分、人は人」という人には自分だけの勝ち方がある

この本では「争わない生き方をする人」、同じことですが「自分は自分、人は人」という人の勝ち方について、11の法則と、それに伴う80余りの技術や考え方について提案してきました。

このすべてを、いきなり実行しようと思わなくてもいいです。

おそらく不可能でしょう。

けれども、いまのあなたにも試してみることができるものはあります。一つ一つの法則や技術はごらんいただいた通り、特別むずかしいものではありません。意識して心がけるだけなら、きっとできるはずです。まず、取っつきやすいことから実行してみてください。

それによって、「こういう勝ち方があるのか」と気がついてもらえれば、この本

を書いたわたしの意図は十分に満たされたことになります。

「勝ち方」は人によって違います。

何が「勝ち」なのか、どういう結果が出れば勝ったことになるのか、これも人によってすべて違ってくるはずです。

単純ないい方をすれば、欲の強い人は大勝ちしなければ気が済まず、無欲な人は引き分けでも満足するのです。

すると、あとは生き方の問題になってきます。

引き分けでも満足できる人は、自分の人生を投げ出すことなくマイペースでやっていけます。

けれども大勝ちしなければ気が済まない人は、ほんの少しの負けで不満をもったり他人を恨んだりするでしょう。生き方の問題として考えたときに、どちらが幸福感をもち続けるかということです。

そういう意味では、わたしがこの本で提案してきたことはすべて、新しい勝ち方や自分だけの勝ち方をどう見つけていくかということでもあるのです。

「小さな負け」にふり回される人は、「大きな勝ち」を見逃す

「自分は自分、人は人」という人は、小さな負けにふり回されるのが嫌いな人です。

わたしはこのことが、思い通りの人生を生きていく上でとても大切な条件だと思っています。

「感情的なぶつかり合いが嫌い」

「自己主張の強い人間が苦手」

「自分のペースを乱されるのがイヤ」

こういったことはすべて、「争いの嫌いな人」がしばしば実感していることです。

それならどうすれば、「小さな負け」にふり回されることなくやっていけるでしょうか。

そう考えて、思いつくかぎりのヒントを提案してみたのがこの本です。

◉スタートを早くするのは、つねに何かの作業や仕事に向き合っているためでした
◉きちんと受け答えをするのは、自分の感情をコントロールするためでした
◉節目を大切にするのは自分の暮らしを見つめるためでした

そんないくつものヒントを提案することで、争いの嫌いな人が「小さな負け」なんかふり切って生きていけるようにと願ったのです。

そして、わたしのほんとうの願いは、マイペースでコツコツと目標に向かって歩いているすべての人が、いつか、「大きな勝ち」を手にしてくれることです。自分の人生を、充実感をもって見つめることができるような、そんな瞬間なのです。

「小さな負け」にふり回されそうになったら、そのたびに、どうかこの本に書かれてあることを思い出してください。

とりあえず、実行できそうないくつかの技術を頭に置いて、折にふれ思い出してみる習慣をつくってください。

それができたとき、いつかあなたは大きな勝利感に包まれていると信じます。

本書は、新講社より刊行された単行本を文庫化したものです。

和田秀樹（わだ・ひでき）
1960年大阪府生まれ。東京大学医学部卒、東京大学医学部付属病院精神神経科助手、米国カール・メニンガー精神医学学校国際フェローを経て、現在は精神科医。和田秀樹「こころと体のクリニック」院長。国際医療福祉大学教授。和田秀樹カウンセリングルーム所長。一橋大学経済学部非常勤講師。川崎幸病院精神科顧問。
主な著書に『「心が強い子」は母親で決まる！』（三笠書房《知的生きかた文庫》）、『つかず離れず婚』（池田書店）、『「寝る前の30分」が自分を変える！』『感情的にならない話し方』『自分が高齢になるということ』『「楽しむ力」が心の免疫力を高める』（以上、新講社）など多数。
ホームページ：www.hidekiwada.com

知的生きかた文庫

自分《じぶん》は自分《じぶん》　人《ひと》は人《ひと》

著者　和田《わだ》秀樹《ひでき》
発行者　押鐘太陽
発行所　株式会社三笠書房
〒一〇二-〇〇七二　東京都千代田区飯田橋三-三-一
電話〇三-五二二六-五七三四〈営業部〉
　　〇三-五二二六-五七三一〈編集部〉
https://www.mikasashobo.co.jp
印刷　誠宏印刷
製本　若林製本工場

ISBN978-4-8379-8652-2 C0130

C50391